Nord- und
Mittel-Abschnitt

211. Jnf. Div.
II. 42-XI.44

„Ich habe keine Hoffnung mehr"

Heinrich Hoffmeier

„Ich habe keine Hoffnung mehr"

Soldatenbriefe aus Russland 1942–1943

Herausgegeben von Volker Koop

Weltbild

Inhalt

Vorwort von Prof. Dr. Rupert Scholz

Der Zweite Weltkrieg liegt inzwischen mehr als sechzig Jahre zurück. Nach diesem bisher schrecklichsten aller Kriege, den das Hitler-Regime zu verantworten hatte, der ganz Europa verwüstet und Millionen von Opfern gefordert hat, wurden uns Deutschen Jahrzehnte des Friedens und auch des Wohlstandes beschert – eine friedliche Zeit, wie sie die Deutschen in vergleichbarer Form noch nie in ihrer Geschichte genießen durften. Und wenn die Zeichen der Zeit nicht trügen, dürfen sie auch für die Zukunft optimistisch sein und im friedlich zusammenwachsenden Europa auf weitere Friedensjahrzehnte hoffen. Hierfür müssen alle dankbar sein; und am dankbarsten hierfür ist sicherlich jene Generation, die den Zweiten Weltkrieg noch erleben musste und die vor allem eines eint: die Hoffnung, dass sich ein solcher oder auch ein anderer Krieg niemals wiederholen möge.

Für die nachfolgenden Generationen gilt sicher das Gleiche; und dennoch wissen die meisten jüngeren Menschen nur wenig über die Schrecknisse von Krieg und gewaltsamer Auseinandersetzung. Fast täglich flirren zwar Bilder von kriegerischen Auseinandersetzungen aus anderen Teilen der Welt über die Fernsehbildschirme. Was Krieg jedoch wirklich, vor allem für den einzelnen Menschen bedeutet, weiß der jüngere Mensch glücklicherweise nicht, musste er glücklicherweise niemals in persönlichem Leid erfahren.

Umso wichtiger ist es, dass gerade der jüngeren Generation immer wieder vor Augen geführt wird, was Krieg bedeutet und was ihre Väter und Großväter vor allem im Zweiten Weltkrieg erleiden mussten. Der Zweite Weltkrieg ist noch längst nicht zu „bloßer Geschichte" geworden. In der historischen Seele und damit auch im Grundempfinden des deutschen Volkes leben seine Schrecknisse nach wie vor fort, darf also das, was nicht nur das deutsche Volk, sondern was die Völker der ganzen Welt im Zweiten Weltkrieg erleiden mussten, nie verdrängt werden. Geschichte lebt stets aus der Erinnerung, und Geschichtsbewusstsein bedarf des ebenso stetigen wie mahnenden Wachhaltens aller solcher Erinnerung.

Wenn man ältere Menschen, die den Zweiten Weltkrieg überlebt haben, nach ihren Leiden und Erlebnissen befragt, so stößt man häufig nur auf beklommenes Schweigen. Was diese Menschen durchleiden mussten, ist von so buchstäblich unsäglicher Art, dass an die Stelle von Fragen und erwarteter Antwort wohl tatsächlich zumeist nur Schweigen und Betroffenheit treten können. Erinnerung und bleibendes Bewusstsein wollen aber Antworten, fordern gerade für die jüngere Generation neben gedenkendem Schweigen auch das erinnernde Wort. Gerade deshalb ist es so wichtig, dass wir vor allem diejenigen um ihre Antworten und ihre Worte bitten, die den Zweiten Weltkrieg unmittelbar erleben mussten, selbst wenn sie diesen nur allzu oft nicht überleben durften.

Eines der unzähligen Opfer des Zweiten Weltkrieges ist Heinrich Hoffmeier. Er fiel in Russland und hat uns in Gestalt seiner Briefe von der Front doch unendlich Wichtiges und zu Erinnerndes hinterlassen. Wie viele, lebte Heinrich Hoffmeier aus der Hoffnung und wusste doch sehr bald, dass es auch für ihn keine wirkliche Hoffnung geben würde. Er hat uns mit seinen Briefen ein mahnendes Vermächtnis hinterlassen, das gerade der jüngeren Generation viel von dem eröffnen und vermitteln kann, was Krieg und kriegerisches Unrecht bedeuten können.

Den Söhnen Heinrich Hoffmeiers, die ihren Vater nicht oder kaum noch kennen lernen durften, und dem angesehenen Zeitgeschichtler Volker Koop ist es zu verdanken, dass sie dieses Vermächtnis Heinrich Hoffmeiers bewahrt haben und jetzt der Öffentlichkeit zugänglich machen. Selbst wenn Heinrich Hoffmeier während des Zweiten Weltkrieges die Hoffnungen auf Überleben und ein Leben in Frieden für sich und seine Familie verloren gingen, sein Vermächtnis und die in ihm enthaltenen Botschaften an seine Familie wie an alle nachfolgenden Generationen gilt es zu bewahren: Möge ein gütiges Schicksal uns und alle, die nach uns kommen, vor dem beschützen, was ihm und seiner Generation im Zweiten Weltkrieg widerfahren ist. Gerade das deutsche Volk darf nie wieder kriegerisches Unrecht begehen, darf sich und anderen Menschen niemals wieder solches Leid zufügen, wie es im Zweiten Weltkrieg Heinrich Hoffmeier und unzähligen anderen, unschuldigen Menschen widerfahren ist.

Einleitung

Wie viele Menschenleben der Zweite Weltkrieg gefordert hat, ist unbekannt. Gesprochen wird von sechzig Millionen, wobei man sich darüber im Klaren sein muss, dass eine solche Zahl nur annähernd und grob geschätzt werden kann. Dies vor allem, weil es völlig unmöglich ist, eine halbwegs realistische Zahl getöteter Zivilpersonen zu nennen. Wie viele starben wirklich bei den Bombenangriffen auf Hamburg, Dresden, Berlin, London oder Canterbury, wie viele in den Ruinen des damaligen Stalingrad, in den Wüsten Afrikas, in den Bergen Kretas, auf Malta, in Frankreich, Griechenland und in den vielen anderen Ländern, die in diesen unglückseligen Krieg hineingezogen wurden? Wer weiß, wie viele „blinde Passagiere" mit versenkten Schiffen in die Tiefe gerissen wurden, deren Tod unbemerkt blieb und die niemand vermisste? Nachzuvollziehen ist allenfalls, wie groß die Zahl der regulären Soldaten ist, die an der Front starben oder in den Kriegsgefangenenlagern. Aber auch hier gibt es erhebliche Unsicherheiten, denn im Chaos der Schlachten und des überhasteten, fluchtartigen Rückzuges verlor sich die Spur vieler Soldaten.

Erst jetzt, mehr als sechzig Jahre nach Ende des Zweiten Weltkrieges, werden beispielsweise circa zwei Millionen Akten verfilmt, die in Moskauer Archiven lagern. Sie waren bisher für deutsche Stellen unzugänglich und sollen Auskunft über das Schicksal von 1,7 Millionen vermisster deutscher Soldaten und 300.000 Zivilinternierter geben. Ihre Auswertung wird viele Jahre in Anspruch nehmen. Geschichte wird dann möglicherweise in Teilen korrigiert werden müssen. Dies kann für Militärhistoriker von Bedeutung sein, wichtiger aber ist, dass vor allem viele Hinterbliebene – Kinder oder Enkel gefallener oder vermisster Soldaten – endlich aus der Ungewissheit über das Los ihrer Väter oder Großväter befreit werden.

Der Krieg hat für viele Menschen in Europa – speziell in Mitteleuropa – seine Schrecken verloren, auch wenn er, wie in Jugoslawien zum Ende des 20. Jahrhunderts, direkt vor der deutschen Haustür stattfand. Er ist dennoch ein fernes Ereignis geworden – irgendwo in Afrika, in Afghanistan oder im Irak. Für die heutige Generation reduzieren sich Kriege immer mehr auf Zahlen und „Fernseh-Events". Besonders der Zweite Weltkrieg ist in seinen Dimensionen nicht begreifbar. Von dem Leid, das sich hinter diesen zwei Wörtern verbirgt, kann niemand sich eine wirkliche Vorstellung machen. Waren es sechzig Millionen Tote, gar siebzig Millionen oder „nur" fünfzig Millionen? Für die meisten Menschen wird dies kaum einen Unterschied bedeuten. Vielleicht kennen sie einige entscheidende Daten des Krieges wie den Angriff der Japaner auf den amerikanischen Stützpunkt Pearl Harbor, der für die USA letzter Anstoß war, in den Krieg einzutreten. Die Schlacht um Stalingrad, Feldmarschall Rommel oder U-Boot-Kommandant Prien mögen andere vage Begriffe sein, die dem durchschnittlich Interessierten etwas – wenn auch nicht alles – sagen. Der Name „Westerplatte" dürfte dagegen den meisten bereits unbekannt sein.

Das Bild vom Zweiten Weltkrieg, so wie es der ersten Nachkriegsgeneration vermittelt wurde, war zumindest in Deutschland häufig von glorifizierenden Groschenheftchen geprägt. Hinzu kamen Filme, die zwar an der deutschen Niederlage nicht vorbeikamen, doch die Verlierer letztlich doch zum Sieger machten. Streifen wie „Einer kam durch" oder „So weit die Füße tragen" stehen hierfür, bevor dann eine Vielzahl von Kriegsfilmen in die Kinos kamen, die sich zumeist und fälschlicherweise „Anti-Kriegsfilme" nannten.

Aber jeder Krieg verläuft anders, als in Romanen und Filmen in der Regel dargestellt. Es sind nicht die großen „Heerführer", die ihn auszubaden haben. Es sind die Jäger, Schützen, die Pioniere und Grenadiere, die in vorderster Front liegen, dem tödlichen Giftgas – wie im Ersten Weltkrieg – ausgesetzt sind, den Granaten und dem Bombenhagel. Sie sind nichts anderes als das, was mit dem zynischen Begriff „Kanonenfutter" umschrieben wurde und von heutigen Militärs nicht minder gefühllos als „Menschenmaterial" bezeichnet wird. Daran hat auch der „moderne" Krieg des 20. Jahrhunderts nichts geändert.

Unter denen, die in den Schützengräben an vorderster Front lagen – und in vielen Teilen der Welt dies auch heute tun müssen –, dürften nur die wenigsten voller Begeisterung und mit Hurra-Patriotismus in den Krieg gezogen sein, wie dies zu Ausbruch des Ersten Weltkrieges noch gewesen sein mochte, als der Kaiser zu den Fahnen rief. Die meisten Soldaten hatten vielmehr in der Regel eher ihr ganz privates Leben weiterführen, ihrer Arbeit nachgehen und sich um ihre Familie und um ihr kleines, privates Glück kümmern wollen.

Ein solcher Mann war auch Heinrich Hoffmeier. Er gehört zu den sechzig Millionen Toten des Zweiten Weltkrieges. Er hat nicht Geschichte geschrieben. Seine Name taucht in keinem Buch über den Zweiten Weltkrieg auf, sondern nur in den Akten des Suchdienstes des Deutschen Roten Kreuzes beziehungsweise der „Deutschen Dienststelle für die Benachrichtigung der nächsten Angehörigen von Gefallenen der ehemaligen deutschen Wehrmacht".

Heinrich Hoffmeier hat keinen Krieg gewollt. Er hatte nichts gegen Franzosen oder Russen und musste doch gegen sie kämpfen. Er war kein „Haudegen", und er war auch nicht Mitglied der Partei. An der Front tat er zwar seine Pflicht, doch war er in Gedanken oft zu Hause, und er hatte entsetzliche Angst. Aber er war auf seine Weise trotzdem ein Held. Nicht, weil er sich an der Ostfront im militärischen Sinne besonders hervorgetan hätte, sondern weil er sich in dem Gemetzel der Schlachten von Orel, Newel, Witebsk und in der See-Enge von Lobok, im Kampf ums nackte Überleben und in seiner Fürsorge für die ihm anvertrauten Soldaten seine Menschlichkeit bewahrt hat.

Er hat wie Millionen andere auch als Soldat gedient – keineswegs mit Begeisterung, aber gewissenhaft. Er bekam das „Eiserne Kreuz II. Klasse" und die „Nahkampfspange" – Auszeichnungen, auf die er nur allzu gern verzichtet hätte. Doch er hatte einen Eid als Soldat geschworen, zwar nicht auf Deutschland, aber doch auf den „Führer", was damals gleichbedeutend war. Ihn zu brechen lag außerhalb seiner Gedankenwelt. Daran ändert auch nichts die Tatsache, dass er bei seinem letzten Heimaturlaub davon sprach, er wolle sich, falls die Angriffe der sowjetischen Truppen andauerten, mit „seinen Jungs" ergeben. Mit einer solchen Möglichkeit beschäftigte er sich nicht aus „Feigheit vor dem Feind", sondern allein, um wenigstens das Leben der ihm Anvertrauten zu retten.

Er litt physisch und psychisch unter dem Elend, sah das Leid der Menschen auf beiden Seiten der Front – nicht nur unter den Soldaten – und berichtete ungeschminkt darüber in seinen Briefen an die Verwandten. Er riskierte es damit, wegen Wehrkraftzersetzung vor ein Kriegsgericht gestellt zu werden, doch machte er sich darüber offensichtlich keine Sorgen. An einen Sieg, geschweige denn an den viel beschworenen „Endsieg", mochte er im Eis und Schlamm des mittleren Abschnitts der Ostfront zu keinem Augenblick glauben, und: er machte kein Hehl daraus.

Dennoch blieb ihm im September 1943 nach einem kurzen Heimaturlaub nichts anderes übrig, als zurück an die Front zu fliegen. Zu diesem Zeitpunkt war er in seinem Innersten offensichtlich bereits fest davon überzeugt, dass er Frau und Sohn Gerhard nicht wiedersehen und das noch ungeborene Kind nie kennen lernen würde. Für Heinrich Hoffmeier war klar: Er musste seine soldatische Pflicht tun. Ganz abgesehen davon hätte es in der Nazi-Diktatur gar keine Alternative für ihn gegeben. Verweigerung und Desertation hätten das Kriegsgericht, das Todesurteil und die Sippenhaft für seine Verwandten bedeutet. Damit hätte er seine Frau und seinen Sohn in Gefahr gebracht, was für ihn völlig ausgeschlossen war. Zum anderen aber, und dies darf nicht zu gering geschätzt werden, fühlte er auch eine Verantwortung gegenüber den Kameraden, die an der Front auf ihn warteten.

Heinrich Hoffmeier war beileibe kein Soldat wie er im sprichwörtlichen Buche steht. Wenn er sich an der Front dennoch hervortat und wenige Monate vor seinem Tod für besondere Tapferkeit ausgezeichnet und zum Unteroffizier befördert wurde, hatte das insbesondere diese Gründe: Der Kampf ums eigene Überleben führt in der Härte eines jeden Krieges häufig zwangsläufig zu ungewollten soldatischen Heldentaten, die auch Heinrich Hoffmeier nicht erspart blieben. Andererseits, und hier offenbart sich eine wesentliche Facette der Persönlichkeit Heinrich Hoffmeiers, hatte er bewusst die Beförderung zum Unteroffizier angestrebt, weil er hierdurch im Falle seines Todes seine Hinterbliebenen besser versorgt wusste. Er riskierte sein Leben also nicht zuletzt, weil die Rente für die Witwe eines Unteroffiziers eben höher ausfiel als die für einen gefallenen Gefreiten. Ihm ging es bei seinem Streben nach einer Beförderung nicht darum, anderen befehlen zu können und mehr Macht zu erhalten, sondern er dachte an seine Familie und ihre materiell gesicherte Zukunft nach seinem Tod. Ein Schicksal wie Heinrich Hoffmeier erlitten im Zweiten Weltkrieg Millionen Soldaten. Er war nur ein winziges Rädchen in der Kriegsmaschinerie, wobei ohne solche „Rädchen" kein Krieg geführt werden könnte.

Das Front-Dasein Heinrich Hoffmeiers wird erst nachvollziehbar, wenn es in den größeren Zusammenhang dieses Krieges überhaupt gestellt wird. Er schilderte in seinen erhalten gebliebenen Briefen, was er erlebte und empfand. Objek-

15

tive Wahrnehmungen und subjektives Fühlen vermengen sich hier sicherlich. Es werden deshalb nicht nur seine Schreiben – und damit auch seine Gedanken – wiedergegeben, sondern dazu die im zeitlichen Zusammenhang stehenden Meldungen des Oberkommandos der Wehrmacht (OKW), die im „Führerhauptquartier" in Berlin verfasst wurden. Briefe und die offiziellen Meldungen bedingen sich gegenseitig, und erst nebeneinander gestellt ergeben beide ein annähernd nachvollziehbares Bild über das jeweilige Kriegsgeschehen. Wenn Heinrich Hoffmeier beispielsweise davon schrieb, man könne sich nicht vorstellen, wie es sei, wenn die Granaten um ihn herum einschlugen, dass seine Kompanie nicht mehr wusste, ob sie die sowjetischen Soldaten eingekesselt hatte oder ob sie selbst eingekesselt war, dann erst wird erkennbar, was sich hinter den nüchternen Worten des Oberkommandos der Wehrmacht verbarg, wenn dieses davon sprach, die Absetzbewegungen der Deutschen würden durch massive Angriffe des Feindes gestört. Hier wenige Zeilen – verfasst von Offizieren fernab der Front –, dort die Schilderung eines Mannes, der sich mitten in der Schlacht befand und seine Empfindungen unmittelbar ausdrückte. Erst aus beidem entsteht ein Ganzes.

Bei den Meldungen der Führung der Wehrmacht ging es in der Regel darum, die Unbesiegbarkeit des Deutschen Reiches zu verkünden und – als dies angesichts des Kriegsverlaufes nicht mehr möglich war – Niederlagen zu verbrämen sowie im Sinne des „totalen Krieges" der Bevölkerung mit Durchhalteparolen Sand in die Augen zu streuen. Gewissermaßen als „dritte Dimension" werden deshalb ergänzend die wichtigsten welt- und militärpolitischen Ereignisse und Entscheidungen dieser Zeit kurz angerissen. In ihrer Unterschiedlichkeit sollen so Heinrich Hoffmeiers Briefe, die Meldungen aus dem „Führerhauptquartier" und historisch feststehende, nackte Daten ein Gesamtbild zeichnen, das dem Krieg die Anonymität nimmt.

Dass sich die beiden letzten Lebensjahre Heinrich Hoffmeiers an der Ostfront überhaupt nachvollziehen lassen, ist eher einem Zufall zu verdanken. In Kampfpausen griff er oft zu Papier und Stift, um seiner Frau Sophie, aber auch seiner Halbschwester Henriette – kurz Jette genannt – zu schreiben. Jette war mit Fritz Edler verheiratet, also adressierte Heinrich Hoffmeier seine Briefe stets an die „Familie Fritz Edler". In ihnen vertraute er seiner Halbschwester vieles an, was er seiner Frau nicht sagen mochte. Egal, was immer er gerade erlebt hatte und wie schlecht es ihm auch ging, in kaum einem Brief fehlte der allein der Beruhigung dienende, aber meist falsche Hinweis, es gehe ihm gut. Er berichtete von den Gefechten und dem Rückzug der deutschen Truppen, was er gar nicht hätte tun dürfen, machte sich aber zugleich Sorgen um die kleinen Alltagsdinge und verfolgte lebhaft das Geschehen in seinem Heimatort, soweit es sich um seine Familie drehte. Mit seiner Halbschwester Jette verband ihn ein besonderes Vertrauensverhältnis, denn in den Briefen an sie wurde er im Hinblick auf die aussichtslose Lage, in der er und seine Kameraden sich befanden, überdeutlich. Je härter die Kämpfe wurden, desto ungeschminkter gab er seinen Empfindungen und Ängsten Ausdruck, verband diesen Einblick in sein Seelenleben abschließend jedoch fast immer mit der Bitte, seiner Frau Sophie nichts davon zu sagen. Auch wenn er sich – was während seines Einsatzes im Osten zweimal geschah – zum Urlaub in der Heimat aufhielt, mochte er über die Gefahren und die täglichen Gräuel nicht sprechen. Er klammerte sie in den Gesprächen mit seiner Frau Sophie weitgehend aus.

Die Briefe an seine Halbschwester und deren Mann bilden die Grundlage für dieses Buch. Sie sind – neben den Erinnerungen einiger Verwandter – die einzige Quelle, die über das Leben und Leiden, das Fühlen und Denken des ganz „normalen" Soldaten Hoffmeier an der Ostfront Auskunft geben. Natürlich hatte Heinrich Hoffmeier auch seiner Frau

Gerhard (links) und Günter Hoffmeier mit ihrer Mutter
im Jahre 1991

Sophie geschrieben, doch über den Verbleib dieser Briefe ist
nichts bekannt. Lediglich eine Karte, die sie ihrem Mann
noch zu dessen Zeit an der bretonischen Küste geschrieben
hatte, hat die Jahrzehnte überdauert.

Wie im Weiteren noch berichtet wird, hat Sophie
Hoffmeier den Tod ihres Mannes für sich nie akzeptieren
können, auch nicht, nachdem die ersten Schreiben an die
Ostfront mit dem Vermerk „Empfänger vermisst" ins hei-
matliche Gestringen zurückkamen. Ihren beiden Söhnen –
den jüngeren, Günter, hatte Heinrich Hoffmeier nicht mehr
sehen und erleben dürfen – hat sie nicht etwa aus den Briefen
ihres Mannes vorgelesen, und auch bei Treffen mit Verwandten sprach sie nie auch nur ein Wort über die Existenz
solcher Briefe. Als Sophie Hoffmeier im Jahr 2000 im Alter
von 88 Jahren starb, fanden sich keine schriftlichen Erinnerungen an ihren Mann. Sie wird sie, davon gehen die

Söhne aus, vernichtet haben, weil sie einen ganz persönlichen, intimen Schatz darstellten, in den auch nach ihrem Tod niemand Einblick nehmen sollte. Verwandte und Nachbarn bestätigen denn auch heute noch: „Das hat man früher so gemacht. Auch wenn man jemanden geliebt hat."

Die Entdeckung des eigenen Vaters

Dass fast auf den Tag genau sechs Jahrzehnte nach Heinrich Hoffmeiers Tod die letzten vierundzwanzig Monate seines Lebens nachgezeichnet werden können, ist einem unerwarteten Umstand zu verdanken. Im Anschluss an die Beerdigung ihrer Mutter im Februar 2000 erfuhren die beiden Söhne Gerhard und Günter erstmals von der Existenz der Schreiben an ihre Tante Henriette, die sämtlich wohlverwahrt worden waren. Deren Sohn Willi hatte sie im Nachlass seiner Mutter gefunden, Gerhard und Günter Hofmeier allerdings zunächst nichts davon gesagt. Dem vor langer Zeit abgeforderten Versprechen: „Sophie soll nichts davon erfahren", war nun jedoch Genüge getan. Es stand nichts im Wege, den Söhnen die Briefe zu geben.

Von diesen Briefen zu erfahren, sie im wahrsten Sinne des Wortes in die Hände zu bekommen, in ihnen zu blättern, bedeutete eine erschütternde Erfahrung für die beiden Söhne. Denn es war die erste Begegnung mit dem Vater überhaupt. Gerhard Hofmeier [Aufgrund eines Fehlers des Standesbeamten war bei den Söhnen aus dem Namen Hoffmeier der Name Hofmeier geworden] hatte nur vage Erinnerungen an seinen Vater. Günter hatte ihn nie gesehen, und es hatte niemals Gespräche gegeben, aus denen sie sich ein Bild über ihren Vater hätten machen können.

Die Briefe bedeuteten also das erstmalige Kennenlernen eines Menschen, der zwar ihr Vater, aber dennoch bisher ein völlig Unbekannter für sie gewesen war.

Viele und lange Nächte brauchte es, die vergilbten Seiten zu lesen und vor allem zu entziffern. Manchmal, wenn Heinrich Hoffmeier im Granatenhagel ein paar Zeilen geschrieben hatte, war seine Schrift vor Erschöpfung, Angst oder beidem zittrig und kaum leserlich. Dazu waren die Briefe in deutscher Schrift verfasst, mussten also „übersetzt" werden.

Doch Zeile um Zeile nahm für die Söhne der Vater, den sie bis dahin zwar nicht gekannt, aber wohl auch deshalb nicht vermisst hatten, jetzt Gestalt an. Als Gerhard Hofmeier den letzten Brief gelesen hatte, den sein Vater am 4. Dezember 1943, zwölf Tage vor seinem Tod, zu Papier gebracht hatte, drückte er spontan seine Emotionen so aus:

Es ist eine besondere Situation, sich fast sechzig Jahre nach seinem Tod mit diesem Mann zu beschäftigen. Mit seinem Leben, seinen Sorgen, seiner Verantwortlichkeit, seinen Ängsten, seinem Mut – und ihm nach so langer Zeit den verdienten Respekt zu zollen, sich ihm zu nähern und seiner Persönlichkeit Gestalt zu geben.

Auch das Vermächtnis, das mein Vater und die Millionen anderer Einzelschicksale hinterlassen haben, ist für die nachfolgenden Generationen von unschätzbarem Wert: Das Grauen, die Angst und das viele Leid, das von diesem mörderischen System ausging, ermöglichte den Nachkommen hier in Deutschland ein kriegsfreies Leben, da jedem verantwortlichen Geist klar werden musste, dass sich so etwas nie wiederholen dürfe.

Heinrich Hoffmeiers Leben bekommt Gestalt durch seine klare, ungekünstelte Sprache. Er musste viel zu jung sterben; aber er hätte bestimmt nie die Vermutung gehabt, dass seine mutigen, anrührenden Zeilen ihn so lange nach seinem Tod seinen Söhnen und Nachkommen so nahe bringen.

Die intensive Beschäftigung mit seiner Korrespondenz erweckt das Gefühl, als säße Heinrich Hoffmeier direkt neben dem Leser und mache seinen Gefühlen Luft.

Der Tod und die Beisetzung seiner Frau Sophie Hoffmeier, die ihren geliebten Mann nie für tot erklären ließ, führten durch sich anschließende Gespräche zu Heinrich Hoffmeiers „Lebendwerdung", und das ist die wahre Ironie des Lebens.

Dieser tapfere, in seinen jungen Jahren schon so traurig blickende Mann machte den daheim auf ihn Wartenden Mut und hätte doch selber so viel Trostes bedurft.

Vielleicht finden sich mein Bruder und ich in seinen Zeilen wie-

der und lernen auf diese Art und Weise unseren Vater besser kennen als andere, die mit ihren Vätern lebten.

Wir verstehen erst jetzt zum Teil, warum wir so sind, wie wir sind.

1941–1945

... die haben es schon lange verdient

Am 20. Januar 1910 in dem kleinen Dorf Fiestel unweit von Minden geboren, verliefen Kindheit und Jugend des Heinrich Hoffmeier völlig unspektakulär. Nach dem Schulbesuch nahm er eine Maurerlehre auf und arbeitete sich im Lauf der Zeit zum Polier hoch. Sein Lebensweg schien damit vorgezeichnet zu sein. Er war eine durchaus stattliche Erscheinung, sportlich dazu, gehörte dem Turnverein „Jahn 1930" seines Heimatdorfes an und bekam am 2. Juni 1932 mit der Nummer 195984 das Deutsche Turn- und Sportabzeichen verliehen. Der stolze Besitzer eines Motorrades gefiel ganz offensichtlich auch der jungen Sophie Wehebrink, der er den Hof machte, bis sie schließlich „ja" sagte und am 20. Dezember 1935 seine Frau wurde. Das junge Paar kaufte sich in Gestringen im Kreis Lübbecke ein Grundstück, um darauf sein Haus zu bauen, doch dazu sollte es nicht mehr kommen.

Am 1. September 1939 brach der Zweite Weltkrieg aus. Von ihm blieben die beiden, die sich bereits zu diesem Zeitpunkt in einem Testament gegenseitig als Erben eingesetzt hatten, jedoch zunächst unberührt, bis dann Heinrich Hoffmeier am 1. März 1940 doch einberufen wurde. Dass er erst im Alter von dreißig Jahren, also recht spät, Soldat werden musste, mag damit zu tun gehabt haben, dass nicht weit von seinem Heimatort entfernt Fabriken für kriegswichtige Güter gebaut wurden und er dort – so lange die deutschen Truppen noch an allen Fronten im Vormarsch waren – als Maurer eher gebraucht wurde denn als Soldat in vorderster Reihe.

Lichtbild

Unterschrift des Bewerbers:

Das Lichtbild und die eigenhändige Unterschrift des Bewerbers sowie die nebenstehenden Personalangaben werden hiermit beglaubigt.

Der Bewerber hat sich ~~durch Vorlage des~~ *(Name, Nr. und Datum)*
~~amtlichen Ausweises~~ genügend ausgewiesen.
(Nichtzutreffendes ist zu streichen)

Stempel und Unterschrift des Verbandes bezw. Vereins, der Ortsgruppe oder des Truppenteils

Turnvater Jahn hätte seine Freude gehabt:
Heinrich Hoffmeier als 22-Jähriger.

Deutsches Turn-
und Sportabzeichen
für Männer

Auszeichnung des Deutschen Reichsausschusses für Leibesübungen

Vor- und Zuname des Bewerbers:

Heinrich Hoffmeier

Geboren am 27. 1. 1910.

Vereinsangehörigkeit des Bewerbers: *Gestringen*

Name des Verbandes: *Minden = Ravensberger* *Turngau.*

Wohnort (Ort) des Bewerbers: *Gestringen Nr. 223*

(Straße, Hausnummer) *Kr. Lübbecke /W.*

Bewerbung um das Sportabzeichen in: ~~Gold=Silber~~ Bronze

(Nichtzutreffendes ist zu streichen)

Sophie Hoffmeier (stehend, 2. v. l.) und ihre Eltern (sitzend).

Heinrich Friedrich Wilhelm Hoffmeier und Sophie Maria Wehebrink heirateten am 20. Dezember 1935 in der evangelischen St.-Andreas-Kirche in Alswede. Ihr erster Sohn wurde am 23. April 1937 geboren, starb aber bereits am nächsten Tag.

Das letzte „zivile" Foto von Heinrich Hoffmeier.

Heinrich Hoffmeier als frisch rekrutierter Soldat im Jahr 1940. Von Begeisterung für den „Führer" keine Spur, stattdessen ein unendlich trauriger Gesichtsausdruck.

Heinrich Hoffmeiers Kompanie, die 2. Kompanie des Infanterie-Regiments 306, vor ihrem Kriegseinsatz. Den Krieg hat wohl keiner der hier Abgebildeten überlebt.

Der Gefreite Hoffmeier auf einem französischen Ehrenfriedhof.

Der 8. Januar 1942 war ein Donnerstag. Mit ihm brachen die letzten drei relativ sorglosen Tage im Soldatenleben, im Leben überhaupt, des Heinrich Hoffmeier an. Weihnachten und Neujahr hatte er an der bretonischen Kanalküste Dienst tun müssen, doch war er recht zuversichtlich gewesen, dass er das nächste Weihnachtsfest würde zu Hause verleben können. Am 18. Dezember 1941 noch hatte er seiner Frau Sophie Weihnachtsgrüße geschickt. Er bedauerte darin, dass sie mit dem damals sechs Monate alten Sohn Gerhard über die Feiertage allein gewesen war, meinte aber zugleich: *Wollen hoffen, das nächste Jahr alle drei zusammen feiern zu können.*

Heinrich Hoffmeier gehörte zu diesem Zeitpunkt der 211. Infanterie-Division an, die im August 1939 im Raum Köln aufgestellt worden war. Der gelernte Maurer – Erkennungsmarke „-152- 4./I. E.B. 306" – hatte sich am 1. März 1940 in Graudenz melden müssen, um seinen Dienst in der 4. Maschinen-Gewehr-Kompanie des Infanterie-Ersatz-Bataillons 306 anzutreten. Über die Eifel marschierte er mit seiner Division in Belgien ein, dann in Frankreich. Die Division schlug die in die Militärgeschichte eingegangene Schlacht an der Aisne. Vergeblich hatten hier französische Kräfte an der Somme und an der unteren Aisne versucht, die Deutschen, die am 18. Mai den Nebenfluss der Oise erreicht hatten, aufzuhalten. Im Morgengrauen des darauffolgenden Tages begann der deutsche Großangriff, der nach nicht einmal 48 Stunden entschieden war. Mit der Aufgabe der Stellungen an der Aisne endete zugleich der letzte zusammenhängende Widerstand der französischen Streitkräfte. Im Juni 1940 fand sich Heinrich Hoffmeier dann an der bretonischen Kanalküste wieder.

Dies alles war im Januar 1942 Vergangenheit, und in den zurückliegenden Monaten hatte Hoffmeiers Einheit sich in erster Linie um den Schutz der Küste vor eventuellen Angriffen der britischen Marine zu kümmern. Der Dienst entsprach dem der „Etappe", doch mit dieser relativen Ruhe sollte es nun vorbei sein. An diesem 8. Januar gab er einen Brief bei der Feldpost auf, der seine Empfänger in tiefe Unruhe stürzte.

Ihr lieben Alle!

Ich will es nicht versäumen, Euch heute Abend ein paar Zeilen zu schreiben, denn dies ist der letzte Brief, den ich euch hier von der Kanalküste schreibe. Wir fahren in drei Tagen hier weg und verlassen Frankreich. Wir wollen unsere Kameraden im Osten ablösen, die haben es ja schon lange verdient. Ich fürchte mich vor nichts, nur vor der harten Kälte. Ich habe die Kälte ja schon mal zu spüren bekommen. Die Fahrt im Viehwagen wird noch ein gutes Fressen sein, aber auch damit werden wir fertig werden. […] Ab morgen geht keine Post mehr von hier weg, und wir bekommen vorläufig auch keine mehr.

Ein markanter Wesenszug Heinrich Hoffmeiers wird bereits hier sichtbar. Natürlich wussten er und seine Kameraden, dass der Einsatz an der Ostfront in keiner Weise mit dem „bequemen" Soldatenleben in Frankreich zu vergleichen wäre. Doch klagte er nicht über die Verlegung nach Russland, sondern dachte erst einmal an die Soldaten, die es „verdient" hatten, dort abgelöst zu werden. Vor allem aber war er voller Zuversicht, dass der Einsatz an der Ostfront nicht lange dauern würde. Aus seinen Worten klang vorerst noch die Überzeugung, man werde es den Russen schon zeigen. Auf den wenigen Fotos aus dieser Zeit ist denn auch ein Heinrich Hoffmeier zu sehen, der davon überzeugt war, das Leben noch vor sich zu haben. Nur ein paar Erinnerungsstücke aus seiner Zeit in Frankreich sind erhalten geblieben, so eine weinrote lederne Brieftasche mit dem goldenen Aufdruck „Kriegsweihnachten 1941" und kunstvolle Karten als „Andenken an Frankreich".

Hätte Heinrich Hoffmeier die Lage im Osten im Detail gekannt, wäre er vielleicht nicht so optimistisch gewesen. Denn an dem besagten 8. Januar 1942 hatte das Oberkommando der Wehrmacht in seinem täglichen Bericht aus dem „Führerhauptquartier" in Berlin bekannt gegeben, dass sowjetische Landungskräfte auf der Krim „in zähem Häuserkampf vernichtet" worden seien. Jeder Landser wusste, welche erbitterten Auseinandersetzungen und welches Leid sich hinter einer Beschreibung wie „zäher Häuserkampf" verbargen: Kampf im wörtlichen Sinn bis aufs Messer, die Detonation von Handgranaten, der Einsatz der grauenvollen Flammenwerfer. Und hätte Heinrich Hoffmeier den Artikel von Kriegsberichter Hans Hillebrandt in der Zeitung „Der Angriff" vom selben Tag gelesen, wären seine Hoffnungen sicherlich auf den Nullpunkt gesunken. Denn was heroisch klingen sollte, war in Wirklichkeit Vorbote und Umschreibung eines nicht mehr aufzuhaltenden Desasters an der Ostfront:

> Wir waren mit unseren Einheiten schon weiter nach Osten vorgedrungen. Das war ein Vormarsch, der an Mensch und Maschine die allerhöchsten Anstrengungen gestellt hatte. Er fiel zusammen mit der ersten richtigen Kältewelle. Tagelang zählten wir 30, 32, 35 Grad Kälte. Sprunghaft waren die Schwierigkeiten der Kriegführung gewachsen. Für jeden von uns, für den Panzersoldaten, für den Schützen, für den Fahrer, für den Koch, denn der Frost drang in jedes Gesicht, in jede Mantelfalte, begleitete jede Bewegung, jede Handlung. Da gab es kein Entrinnen, immer von neuem musste er besiegt werden. Im Gefecht, beim Fahren, beim Marsch, beim Anlassen des Motors, eben überall. [...] In dieser Lage zeigte der Soldat, was in ihm steckte. Er stand einer großen Übermacht entgegen, die an einigen Stellen auch Materialübergewicht besaß, tagelang kam er nicht zur Ruhe, Nacht für Nacht musste er sowjetische Angriffe abweisen, musste er bei eiskalter Witterung im Graben liegen oder im Panzer sitzen, oft nur mit einem Mindestmaß an Verpflegung, weil es nicht mehr möglich sein konnte, den gewohnten Nachschub nach vorne zu schaffen.

Mit der Kälte hatte Heinrich Hoffmeier wohl gerechnet, doch auch damit, dass die sowjetischen Kräfte sich nicht etwa auf die Abwehr beschränkten, sondern es den Deutschen mit ständigen Angriffen und dem Aufbieten immer neuer Kräfte und mit einem schier unerschöpflichen Nachschub äußerst schwer machten? Angesichts der täglichen Propaganda, der auch er ausgesetzt war, wohl kaum.

Nach einer langen Fahrt von über 2.500 Kilometern in eiskalten Eisenbahnwaggons quer durch Europa, rund 1.200 Kilometer vom heimischen Gestringen und damit von Frau und Sohn entfernt, erreichte Heinrich Hoffmeier den mittleren Abschnitt der Ostfront, an dem sich sein Schicksal erfüllen sollte.

Durch das Stahlbad von Orel musste er zunächst gehen. Die Stadt an der Oka mit etwa 110.000 Einwohnern war vor allem als wichtiger Bahnknotenpunkt von strategischer Bedeutung und deshalb besonders hart umkämpft. Im Herbst 1941, am 3. Oktober, hatte die deutsche 2. Panzerarmee unter dem legendären Panzer-General Guderian die Stadt „planmäßig" eingenommen, doch seitdem waren die deutschen Kräfte nahezu unablässig sowjetischen Angriffen ausgesetzt. Bis zum 5. August 1943 dauerte es, ehe die sowjetische 3. Armee nach blutigen Verlusten auf beiden Seiten Orel endgültig zurückerobern konnte. Mitten in diesem unerbittlichen Kampfgetümmel befand sich Heinrich Hoffmeier.

Das Kriegsjahr 1942

8. 1.	Kapitulation der deutsch-italienischen Truppen in Bardia (Cyrenaika), japanische Truppen erobern Manila, deutsche Boote versenken amerikanische Handelsschiffe an der Ostküste der USA
14. 1.	Amerikaner und Briten bilden ein gemeinsames Oberkommando mit Sitz in Washington
17. 1.	Deutsch-italienische Truppen kapitulieren bei Sollum
20. 1.	Hitler erklärt den USA den Krieg
21. 1.	Beginn einer deutschen Offensive zur Wiedereroberung der Cyrenaika
25. 1.	Totale Mobilmachung in Australien
26. 1.	Amerikanische Truppen treffen in Nordirland ein

28. 1.   Das Deutsche Afrika Korps erobert Benghasi
14. 2.   Aufstellung einer „Polnischen Heimatarmee"
19. 2.   Erster japanischer Luftangriff auf Port Darwin
         (Australien)

Noch war es nicht so weit, und Heinrich Hoffmeier gehörte zu denen, die Orel gegen einen übermächtigen Gegner halten sollten. Schon die ersten zweieinhalb Monate Einsatz an der Ostfront reichten, um alles Gottvertrauen in ihm zu zerstören, mit dem er von der französischen Kanalküste an die Ostfront aufgebrochen war. Zunächst musste seine Einheit ihre Stellungen beziehen und sich einrichten, wobei sie von Anbeginn an in heftige Kämpfe verwickelt wurde. Zeit zum Atemholen gab es kaum. Anders als in Frankreich gehörte die Konfrontation mit dem Tod nun zum Alltag. Erst am 21. März fand Heinrich Hoffmeier Gelegenheit, sich von der Ostfront zu melden und einen Feldpostbrief an seine Nichte Frieda zu schreiben. Aus ihm sprach bereits tiefe Verzweiflung, und eigentlich hätte ein solcher Brief die Zensoren gar nicht passieren dürfen:

Liebe Frieda!

Habe Deinen Brief dankend erhalten. Ich habe mich besonders gefreut, dass Du immer noch an mich denkst. […] Wir haben eine Zeit hinter uns, wo wir beinahe alles aufgegeben hätten. Ihr werdet sicher immer die Nachrichten gehört haben, was an der Mittelfront, nordöstlich von Orel, los war. Wir haben ja hier schon viel miterlebt, aber was sich diesmal abgespielt hat, hat alles übertroffen. Ich habe nicht mehr geglaubt, dass ich da noch einmal herauskommen würde. Wir hatten uns damit abgefunden, ein Opfer der Russen zu werden. Er ist hier durchgebrochen, und wir hatten alle Hände voll zu tun, ihn zu halten. Soll nur keiner auf den Gedanken kommen, dass der Russe kein Material mehr hätte. Der Russe ist allerdings nur einige Kilometer vorangekommen. Wir sind auch nur mit einigen Männern übrig geblieben. Wir haben Tage und Nächte gebraucht, um uns wieder zu finden innerhalb der Kompanie. Wir wollen hoffen, dass es dieses Jahr zu Ende geht.

Ich glaube nicht daran.

Was Heinrich Hoffmeier hier zu Papier gebracht hatte,

grenzte aus nationalsozialistischer Sicht an „Wehrkraftzersetzung", zumal er in einem Nachsatz noch auf die große
Zahl der gefallenen deutschen Soldaten einging, die in russischer Erde ihr Grab gefunden hatten. Wenn überhaupt möglich, wurden diese Gräber mit einem schlichten Birkenkreuz
und dem Stahlhelm der Gefallenen geschmückt. In der Mehrzahl und angesichts der immensen Zahl Getöteter war daran
jedoch häufig nicht zu denken. Oft konnten die eigenen Ver-
letzten nicht geborgen werden, geschweige denn die Gefallenen.

Die Herren von der Division haben das Ritterkreuz bekommen.
Die breite Masse das Birkenkreuz. Bei der ganzen Lage habe ich ja
Glück gehabt.

Es dauerte einige Tage, bis Heinrich Hoffmeier diesen Brief
aufgeben konnte, und so fügte er noch ein weiteres auf-
schlussreiches Blatt hinzu:

Hier kann ich ja auch noch ein paar Zeilen aufschreiben. Die vier
Wochen haben uns sehr mitgenommen. Es war 14 Tage nicht mög-
lich, uns zu rasieren oder in 20 Tagen etwas Wasser ins Gesicht zu
tun. Wir erkannten uns bald gegenseitig nicht mehr. Wir sind alle
sehr schmal im Gesicht geworden. Wir werden uns bald schon wie-
der aufraffen, denn wir haben jetzt etwas Ruhe. Es wird wieder
alles in Ordnung gebracht, und wir werden wieder aufgefüllt.
Meinen Humor habe ich immer noch, den werde ich nicht verlieren.
Nun wünsche ich Euch alles Gute, und bleibt gesund und munter,
damit wir uns alle gesund wiedersehen

Die Abwehrkämpfe halten an

Wenn Heinrich Hoffmeier davon sprach, das, was sich in den letzten vier Wochen „abgespielt" habe, habe alles bisher Erlebte übertroffen, dann hatten sich die Menschen in Deutschland kaum ein Bild von dem tatsächlichen Geschehen an der Front machen können, selbst wenn sie sich regelmäßig über den Kriegsverlauf informierten und auch zwischen den Zeilen zu lesen vermochten. Die Propaganda-Maschinerie der Nazis suggerierte weiterhin Siege an allen Fronten und bejubelte in diesen Wochen einen versenkten Sowjet-Eisbrecher, zwanzig bei Leningrad eingenommene Bunker oder gescheiterte sowjetische Angriffe. Sie konnte jedoch selbst mit semantischen Bemühungen nicht mehr das Andauern der schweren Abwehrkämpfe im Mittelabschnitt der Ostfront verschweigen, wenngleich sie nach Kräften bestrebt war, weiterhin Siegeszuversicht zu verbreiten.

Seit Heinrich Hoffmeier an dieser „mittleren Ostfront" im Einsatz war, hatte es in den gleichgeschalteten Zeitungen und Rundfunksendungen des Reiches oder in der Wochenschau keine einzige Meldung aus dem Oberkommando der Wehrmacht mehr gegeben, die die Sorge der Angehörigen um die Soldaten hätte geringer werden lassen können. Das Gegenteil war der Fall, wie die nachfolgenden Auszüge im Originalwortlaut zeigen.

> Im mittleren und einem Teil des nördlichen Frontabschnittes halten die schweren Abwehrkämpfe in unverminderter Stärke an. (10. Januar)
> Die Kämpfe im mittleren Abschnitt der Ostfront und im Waldai-Gebiet dauern an. An den übrigen Abschnitten der Front keine wesentlichen Kampfhandlungen. (12. Januar)

Im mittleren und nördlichen Abschnitt der Ostfront nimmt die Abwehrschlacht ihren Fortgang. Bei einem Gegenangriff erbeutete von Sturmgeschützen begleitete deutsche Infanterie acht Geschütze sowie zahlreiches anderes Gerät. Der Feind verlor hierbei etwa 600 Tote. (15. Januar)

Bei den Kämpfen im mittleren Abschnitt der Ostfront war es einer feindlichen Kräftegruppe gelungen, unsere Linien im Raum 80 km südöstlich Wjasma zu durchbrechen. Nach harten Kämpfen wurden sie im Gegenangriff eingeschlossen und vernichtet. Der Rest von 1.848 Gefangenen sowie 17 Panzer, 86 Geschütze, Hunderte von Maschinengewehren, Granatwerfer und bespannte Schlitten sowie zahlreiches anderes Kriegsmaterial fielen in unsere Hand. Außerdem wurden bisher über 5.000 Tote des Feindes auf dem Gefechtsfeld festgestellt. (17. Februar)

An der Ostfront wurden zahlreiche Angriffe des Gegners abgewehrt. Im mittleren Frontabschnitt sind weitere starke Teile des Gegners eingeschlossen. Sie wurden trotz verzweifelter Gegenwehr auf engstem Raum zusammengedrängt und gehen ihrer Vernichtung entgegen. (19. Februar)

Auf der Halbinsel Kertsch wiederholte der Feind auch gestern seine von zahlreichen Panzern unterstützten Massenangriffe. Sie scheiterten an der tapferen Abwehr der deutsch-rumänischen Truppen. Die Sowjets hatten hohe blutige Verluste und verloren 48 Panzer. Damit wurden in den letzten drei Tagen an diesem Frontabschnitt insgesamt 136 feindliche Panzer vernichtet. An anderen Stellen der Ostfront wurden feindliche Angriffe bei heftigem Schneesturm in harten Kämpfen zurückgedrängt. (16. März)

Im Donezgebiet sowie im mittleren und nördlichen Frontabschnitt wurden weitere Angriffe der Sowjets zurückgewiesen. Bei erfolgreichen eigenen Angriffen hatte der Feind hohe blutige Verluste. (21. März)

Die dürren Angaben des Oberkommandos der Wehrmacht ließen das tatsächliche Geschehen, dem auch Heinrich Hoffmeier ausgesetzt war, nicht einmal andeutungsweise erahnen. „Abwehrschlacht", „Massenangriffe des Feindes", „tapfere Abwehr" und „harte Kämpfe" waren Vokabeln, an die die Deutschen in der Heimat sich erst einmal gewöhnen mussten. An der Front waren sie längst Alltag. Dass das Oberkommando der Wehrmacht über eigene Verluste kein Wort verlor, versteht sich von selbst. Doch wenn in Heinrich Hoffmeiers Brief die Rede von den vielen „Birkenkreuzen" war, dann werden seine Angehörigen schon geahnt haben, wie verlustreich die Kämpfe tatsächlich verliefen, zumal nun immer mehr Schreiben an Soldaten mit den Vermerken „Vermisst" oder „Für Deutschland gefallen" von der Front zurückkamen.

2. 4.	Beginn starker deutscher Luftangriffe auf Malta
5. 4.	Hitler erteilt den Befehl zu einer deutschen Sommeroffensive; Vorstoß deutscher Truppen zur Wolga, zum Kaukasus und zum Iran

Der Dreck ist unbeschreiblich

Zur Aufrechterhaltung der Moral der Truppe war und ist es in allen Kriegen wichtig, den Kontakt zwischen den Soldaten an der Front und den Familien nicht abreißen zu lassen. In diesem Sinne muss der Wehrmacht Außerordentliches bescheinigt werden. Egal, in welchem Teil der Welt sich deutsche Soldaten befanden: Fast immer war es ihnen möglich, über die Feldpost mit den Angehörigen zu korrespondieren und – beinahe wichtiger noch – Päckchen aus der Heimat zu empfangen oder nach Hause zu schicken. Zeitweise gab es zwar Postsperren, häufig verzögerte sich die Aushändigung der Post – besonders wenn die Einheiten sich in Schlachten befanden oder verlegt wurden –, doch im Allgemeinen funktionierte die Feldpost mit einer verblüffenden Perfektion. In sprichwörtlicher deutscher Manier und typischer Gründlichkeit wurden in den meisten besetzten Gebieten besondere Briefmarken gedruckt. Damit mussten die Briefe, Karten, Päckchen und Pakete freigemacht werden, anstatt die Post der Soldaten dem nächstbesten Flugzeug, Schiff, Zug in die Heimat mitzugeben.

Der Hang zum Bürokratismus überdauerte im Zweiten Weltkrieg in dieser Hinsicht auch die schwerste militärische Niederlage. Die Feldpost war kein Selbstzweck, und es kann heute kaum mehr nachvollzogen werden, welch psychologische Wirkung es auf einen Soldaten hatte, wenn er – Tausende Kilometer von Deutschland entfernt – gleich zwei Päckchen erhielt, gefüllt mit Dingen, auf die er sonst verzichten musste, so wie Heinrich Hoffmeier Ende April 1942.

Vielen Dank für Eure beiden Päckchen. Ich hätte nicht gedacht, mal so eine schöne frische Wurst essen zu können. Auch die Kekse haben mir sehr gut geschmeckt. War doch etwas anderes, als jeden Tag Brot. Zur Zeit ist es hier auch ganz ruhig. Hier ist alles überschwemmt und versumpft. Der Dreck ist unbeschreiblich, schrieb er am 29. April.

In diesen Wochen war die Kampftätigkeit ein wenig abgeflaut. In der Tat konnten sich die Soldaten in Grenzen wenigstens um sich selbst kümmern, ihre Ausrüstung in Ordnung bringen. Die Feldpost arbeitete die Brief- und Paketberge ab, die sich in den Wochen zuvor angehäuft hatten und nicht zugestellt werden konnten. Innerhalb weniger Tage erhielt Heinrich Hoffmeier vier weitere Päckchen, für die er sich am 2. Mai bedankte:

Ihr werdet sicher meine letzte Karte vom 27. 4. erhalten haben. […] Habe Eure 4 Päckchen gestern erhalten. Meinen besten Dank dafür. Man kann daran merken, dass ein alter Krieger im Hause ist, der weiß, was einem Landser so fehlt. Die Päckchen sind alle ganz unversehrt hier angekommen. Es schmeckt mir auch alles sehr gut.

So langsam wird es hier nun auch trockener. Größtenteils sind die Wege noch grundlos. Es kann sich keiner vorstellen, was das hier für ein Dreck ist. Die Front wird auch wieder lebendiger. Das Wasser ist jetzt zwischen den Russen und uns wieder weg. Einige hundert Meter von meiner Seite entfernt ist der Russe durch unsere Linie durchgebrochen. Daran hatte er aber nicht lange Freude. Wir haben einen Gegenstoß gemacht, der von Erfolg gewesen ist. Die Bande kommt hauptsächlich bei Nacht. So lange, wie einen das Schicksal noch nicht erreicht hat, kann man von Glück sagen. Das ist hier eine unvorstellbare Mücken- und Fliegenplage. Vor allem herrscht Malariagefahr, da das hier Sumpf- und Waldgebiet ist.

Bleibt recht gesund und munter

Mit der Ruhe, die noch ein paar Tage vorher an diesem Abschnitt der Front, der von Seen und unüberschaubaren Sümpfen übersät war, geherrscht hatte, war es bald vorbei, wenngleich die Wehrmacht die Situation noch zu beherrschen schien und durchgebrochene sowjetische Einheiten rasch zurückdrängen konnte. Aber: Die Rote Armee bereitete sich auf neue Angriffe gegen die Invasoren vor und zermürbte zunehmend die deutschen Kräfte, die ständig, insbesondere nachts, mit sowjetischen Attacken rechnen mussten.

In harten Kämpfen Angriffe abgewehrt

Auch hier zeigen die Meldungen des OKW, was sich hinter den wenigen Zeilen Heinrich Hoffmeiers verbarg:

Im Donezgebiet sowie im mittleren und nördlichen Frontabschnitt wurden weitere Angriffe der Sowjets abgewiesen. Bei erfolgreichen eigenen Angriffen hatte der Feind hohe blutige Verluste. (21. März)

An verschiedenen Abschnitten der Ostfront wurden bei fortdauerndem Tauwetter feindliche Angriffe in teilweise harten Kämpfen abgewiesen. Örtliche Angriffsunternehmungen verliefen erfolgreich. (26. März)

Im mittleren und nördlichen Frontabschnitt wurden feindliche Angriffe in harten Kämpfen abgewehrt. Bei einem eigenen Angriff im Raume nordostwärts von Orel warfen Truppen einer motorisierten Infanterie-Division den Feind aus seinen Stellungen, brachten Hunderte von Gefangenen ein und erbeuteten 7 Geschütze sowie 65 Granatwerfer bzw. Maschinengewehre. (1. April)

Im mittleren und nördlichen Abschnitt der Ostfront waren eigene Angriffsunternehmungen trotz schwierigster Geländeverhältnisse erfolgreich. Die Luftwaffe zerstörte Truppen- und Panzerbereitstellungen und richtete wirksame Angriffe gegen rückwärtige Verbindungen der Sowjets. (18. April)

Im mittleren und nördlichen Abschnitt der Ostfront wurden mehrere örtliche Angriffe des Feindes abgewiesen. Bei einem eigenen Angriff durchbrachen Verbände des Heeres und der Waffen-SS zäh verteidigte feindliche Waldstellungen, machten eine große Anzahl Gefangene und erbeuteten 13 Geschütze.

Kampf- und Sturzkampffliegerverbände griffen Eisen-
bahnanlagen hinter der feindlichen Front an. Drei Mu-
nitionszüge flogen nach Bombentreffern in die Luft.
Zahlreiche Bahnstrecken wurden unterbrochen und um-
fangreiches rollendes Material vernichtet. (22. April)
An der Ostfront führten eigene örtliche Angriffsunternehmen zu weiteren Frontverbesserungen. Von Panzern
unterstützte örtliche Angriffe des Feindes waren erfolglos. (1. Mai)

30. 4.   Hitler und Mussolini vereinbaren auf dem Berg-
         hof eine deutsch-italienische Offensive in Nord-
         afrika. Zunächst soll Malta eingenommen wer-
         den, danach Ägypten

Vier Scheiben Brot sind reichlich wenig

Nach seinem ergreifenden Schreiben vom März fehlten bis in
den Juli hinein in Heinrich Hoffmeiers Briefen weitere
Hinweise auf die schweren Kämpfe, in die er tagtäglich verwickelt war. Von seinem Alltag als Soldat wollte er ohnehin
nicht viel Aufhebens machen, und vor allem lag ihm daran,
seine Angehörigen nicht unnötig zu beunruhigen. Stattdessen schwärmte er von den Paketen, die er in dieser Zeit
aus der Heimat erhalten hatte. Die Versorgungslage an der
Front hatte sich zunehmend verschlechtert, so dass jedes Paket mit Lebensmitteln hochwillkommen war und eine un-
schätzbare Bereicherung der Speisekarte darstellte. Am
15. Mai meinte er beispielsweise:

*Habe gestern Euer Päckchen mit dem Zwieback erhalten. Meinen
herzlichsten Dank dafür. Das ist das Beste, was Ihr schicken könnt,
da das Brot zur Zeit sehr knapp ist. Vier Scheiben Brot sind für
einen Tag doch reichlich wenig. Jetzt gibt es ja wieder etwas mehr.
Zu Essen gibt es hier nie genug. [...] Jetzt ist es hier auch schön
warm geworden. Wollen lange gesund bleiben. Ihr werdet Pfingsten
besser als wir verbracht haben.*

Ein paar Tage später, am 27. Mai, ließ er überdeutlich
erkennen, dass seine Gedanken häufig um seine Frau und
die übrige Familie kreisten. Im Hinblick auf das trostlose
Pfingstfest an der Front meinte er nahezu fatalistisch:

Ihr lieben Alle!

*Ich will Euch mal wieder ein paar Zeilen schreiben. Ihr lasst ja
gar nichts mehr von Euch hören. Ihr werdet sicher im Moment viel
Arbeit haben. Hoffentlich geht es Euch allen noch recht gut, und
Ihr habt das Pfingstfest gut verlebt. [...] Wir kennen ja hier keine
Feiertage. Wir wollen hoffen, dass wir diesen Sommer den Russen
zur Strecke bringen und wir bald die Feiertage wieder mit in der
Heimat verleben können.*

Ihm hatte, dies ist aus den Zeilen herauszulesen, gerade
das Pfingstfest moralisch zugesetzt. Darüber allerdings ver-

gaß er nicht die Sorgen der Daheimgebliebenen, die ihm in ihren Briefen über die kleinen und großen Alltagsprobleme berichteten. Die Kriegswirtschaft hatte auch im „Reich" zu Versorgungsschwierigkeiten geführt. Wer ein Stückchen Land bebauen konnte, war gut dran. Sophie Hoffmeier konnte dabei auf die Hilfe von Verwandten und Nachbarn rechnen, worüber sich ihr Mann besonders freute:

Ich danke besonders Frau Edler und Frau Priess für die tüchtige Unterstützung meiner Frau beim Kartoffelpflanzen.

Der Name „Frau Priess" bedarf einer kurzen Erläuterung, denn bei ihr handelte es sich um eine weitere Halbschwester Heinrich Hoffmeiers. Da sie jedoch den gleichen Vornamen wie seine Frau – Sophie – trug, sprach er in seinen Briefen stets von „Frau Priess", um mögliche Verwechslungen auszuschließen.

Um – wenn man so will – „die kleinen Freuden" eines Landsers an der Front ging es im nächsten Schreiben, das vom 15. Juni datiert und in dem Heinrich Hoffmeier erneut Bezug auf Pakete aus der Heimat nahm:

Habe vor einigen Tagen auch die drei Päckchen von Euch erhalten. Meinen allerbesten Dank dafür. Hat mir alles tadellos geschmeckt. Der Schal kommt mir gerade recht. Es ist doch zu merken, dass ein alter Krieger zu Hause ist. Der weiß immer, was ein Landser so brauchen kann. Hier ist es zur Zeit ganz ruhig.

15. 5.	Japanische Offensive in Ostchina
26. 5.	Deutsche Offensive in Nordafrika
30. 5.	Erster britischer Großangriff mit 1.000 Bombern auf Köln
3. 6.	Seeschlacht bei Midway; die japanische Flotte wird unter schweren Verlusten, unter anderem von vier Flugzeugträgern, zurückgeschlagen

10. 6. Das Deutsche Afrika Korps erobert die von frei-
französischen Truppen gehaltene Schlüssel-
stellung Hacheim. Die britische 8. Armee tritt
den Rückzug an

Kesselschlacht in vollem Gange

Aus den Meldungen des „Führerhauptquartiers" wurde bereits in dieser Phase des Krieges ersichtlich, dass trotz aller propagandistischer und semantischer Bemühungen der Nazi-Ideologen die sich für Deutschland abzeichnende militärische Katastrophe nicht mehr aufzuhalten war.

Da wurde beispielsweise von einem „dreimonatigen Heldenkampf" gesprochen, was nichts anderes besagte, als dass die deutschen Truppen mittlerweile auf verlorenem Posten standen und mehr und mehr Tote zu beklagen hatten. Immer häufiger wurden im Übrigen neben regulären Truppen jetzt auch „Banden" erwähnt, die die Deutschen bekämpften, also Partisanen.

Im nördlichen Abschnitt der Ostfront stellten deutsche Truppen in einem kühnen, planmäßig vorbereiteten Angriff die Verbindung zu einem vom Feinde eingeschlossenen wichtigen Stützpunkt wieder her. Die unter Kommando des Generalmajors Scherer stehende Besatzung dieses Stützpunktes hat seit dem 21. Januar 1942 in hartem Abwehrkampf zahlreichen Angriffen überlegener feindlicher Kräfte mit hervorragender Tapferkeit standgehalten. (6. Mai)

Die Kesselschlacht südlich Charkow ist in vollem Gange. Mit geballter Kraft sucht der eingeschlossene Gegner nach Osten auszubrechen. In harten Kämpfen wurde diese Absicht auch gestern vereitelt. Gleichzeitig hat der von Süden, Westen und Norden her geführte Angriff deutscher, rumänischer und ungarischer Verbände die Bewegungsfreiheit des Feindes erheblich eingeschränkt. Seine dichtgedrängten Massen unterliegen zunehmend den Vernichtungsschlägen unserer Luftwaffe. Im mittleren Abschnitt der Ostfront brachten örtliche eigene Angriffe weiteren Geländegewinn. Eigene Stoßtruppunternehmungen im nördlichen Frontabschnitt verliefen erfolgreich. (26. Mai)

Im mittleren und nördlichen Frontabschnitt nahmen eigene örtliche Angriffsunternehmungen im rückwärtigen Frontgebiet weiteren günstigen Verlauf. An verschiedenen Stellen wurden einzelne Gruppen regulärer Truppen und Banden vernichtet. (15. Juni)

Im Raum nördlich und nordwestlich Orel haben die deutschen Truppen in viertägigen harten Kämpfen mit hervorragender Unterstützung durch die Luftwaffe den zur Entlastung seiner Südfront angreifenden Feind abgewiesen und ihm schwere Verluste zugefügt. Im rückwärtigen Gebiet südlich Rachew wurden die eingeschlossenen feindlichen Kräftegruppen von allen Seiten angegriffen und mehr und mehr zusammengedrängt. (9. Juli)

Nördlich und nordwestlich Orel wiederholte der Feind seine Angriffe mit starken Infanterie- und Panzerkräften. Sie wurden in harten Kämpfen abgewiesen, örtliche Einbrüche abgeriegelt und im Gegenstoß bereinigt. (10. Juli)

21. 6. Das Deutsche Afrika Korps erobert Tobruk und macht 33.000 Gefangene
22. 6. Hitler und Mussolini stellen das Malta-Unternehmen zurück und wollen die Eroberung Ägyptens beschleunigen
30. 6. Das Deutsche Afrika Korps stößt bis zum El-Alamein-Pass bei Alexandria vor. Deutsche U-Boote versenken 2.733.000 BRT

In dieser Zeit erhielt Heinrich Hoffmeier das erste Mal, seitdem er an der Ostfront war, Post von seiner Frau, die ihm – ganz im Stil der Zeit – eine entzückende Karte geschickt hatte. Wichtiger als der Text – Sophie hatte sich mit Emotionen strikt zurückgehalten – war für den Obergefreiten vielleicht die

Vorderseite der Karte mit einem verliebten Paar und der gedruckten Liebeserklärung:

Zwei Seelen – ein Gedanke
Erfüllt ist unserer Sehnsucht Traum
In ew'ger Treu'
Sind wir verbunden
Was ist uns beiden
Zeit und Raum
Da wir der Liebe Glück gefunden

Rührende Karte, die Sophie Hoffmeier an ihren Mann geschickt hatte und die als Einzige erhalten blieb. So nüchtern ihre Zeilen sind, so gefühlvoll – und letztlich für alle Welt bestimmt – ist der Text der Karte.

Kampfpause im Mittelabschnitt der Ostfront.

Natürlich wird Heinrich Hoffmeier bei solchen Zeilen von seiner Frau geträumt haben, doch brutal wurde er in die Wirklichkeit zurückgeholt, denn die Hiobsbotschaften nahmen kein Ende:

Im mittleren Frontabschnitt scheiterten örtliche Angriffe des Feindes. Nördlich und nordwestlich Orel hat sich die Zahl der durch Heer und Luftwaffe in erfolgreichen Abwehrkämpfen vom 5. bis 13. Juli vernichteten Panzer auf 446 erhöht. (15. Juli)
Im mittleren Frontabschnitt führten deutsche Vorstöße am 16. Juli zu örtlichen Erfolgen. Im Raum von Orel wurden mehrere feindliche Stützpunkte und Ortschaften genommen sowie feindliche Ansammlungen zerschlagen. Im Raum Rschew sind durch fortschreitende Säuberungsaktionen des Kampfgebiets die Gefangenen- und Beutezahlen weiter im Steigen. Bei Stoßtruppunternehmungen wurden 33 feindliche Kampfstände und Stützpunkte des Feindes vernichtet und zahlreiche Gefangene eingebracht. (18. Juli)

Ganz offensichtlich ging Heinrich Hoffmeier in diesen Monaten durch ein Wechselbad der Gefühle. Unerbittlichen Schlachten folgten Tage, manchmal gar Wochen, in denen es kaum Feindberührung gab. Dennoch machte sich zunehmend physische, aber ganz besonders psychische Erschöpfung breit, wie sich aus der Karte vom 17. Juli herauslesen lässt, die an seine Halbschwester gerichtet war, die kurz zuvor eine Tochter geboren hatte.

Liebe Schwester!
Habe heute Deine Karte dankend erhalten. [...] Wenn der Krieg
vorbei ist und ich gesund bin, dann habe ich auch Erholung nötig.
Hoffentlich geht der Krieg dieses Jahr vorbei. Es grüßt herzlich
Dein Bruder Heinrich

6. 8.	General Eisenhower wird von Roosevelt zum Oberbefehlshaber des geplanten britisch-amerikanischen Landungsunternehmens in Nordafrika ernannt
31. 8.	Deutsch-italienischer Vorstoß bei El-Alamein gescheitert
23. 10.	Beginn der britischen Gegenoffensive in Nordafrika
4. 11.	Die deutsch-italienischen Verbände werden in Nordafrika zum Rückzug gezwungen.
7. 11.	Landung der Alliierten in Algerien und Marokko
11. 11.	Die deutsche Wehrmacht besetzt Südfrankreich und Tunesien
13. 11.	Die britische 8. Armee besetzt Tobruk
17. 11.	Erste Kämpfe zwischen deutschen und alliierten Streitkräften in Tunesien
27. 11.	Deutsche Truppen besetzen Toulon
4. 12.	Erster amerikanischer Luftangriff auf Neapel

Lasst Euch nicht täuschen

Die Hoffnung auf ein baldiges Kriegsende trog, und von einem deutschen Vormarsch im Osten war längst nicht mehr die Rede. Immer häufiger hob das Oberkommando der Wehrmacht stattdessen die Tapferkeit der deutschen Soldaten hervor, die Vorstöße der sowjetischen Armee in blutigen Abwehrschlachten zu bestehen hatten, allenfalls noch mit Stoßtruppunternehmungen kurzfristige und örtlich begrenzte Erfolge erzielen konnten und längst auf der Verliererstraße waren. Heinrich Hoffmeier ließ dieses anklingen, als er sich am 8. Dezember für zwei Weihnachtspakete bedankte und seine Halbschwester Henriette damit zu beruhigen versuchte, dass ihm schon nichts passieren werde. Allerdings glaubte er nicht mehr daran, in überschaubarer Zeit nach Hause zurückkehren zu können:

Die besten Grüße aus dem Osten sendet Euch Heinrich. Habe heute Euer schönes Weihnachtspaket erhalten. Oben drauf lagen zwei Briefe [...] und die schöne Karte, die Frieda gezeichnet hatte. Der Brief war am 24. 11. geschrieben. Meinen herzlichsten Dank für alles, besonders Frieda für die schöne Karte, die sie gemalt hat. Das Päckchen ist ganz heil und unbeschädigt angekommen und mir schmeckt alles sehr gut. Besser konntet Ihr den Zeitpunkt nicht abpassen. Vor einigen Tagen habe ich eines aus Vehlage bekommen, so dass ich vorgestern alle hatte.

Wenn es hier so weiter geht, kann mir nichts passieren. Lasst Euch über ein Ende des Krieges nicht täuschen. Wir haben uns schon damit abgefunden, dass wir noch zwei Jahre Soldaten sind!

Und ganz nebenbei erwähnte er:

Dass ich vor einigen Tagen mit dem E.K. II ausgezeichnet worden bin, ist Euch sicher schon bekannt.

Er machte nicht viel Aufhebens vom Eisernen Kreuz II. Klasse und erwähnte mit keiner Silbe, weswegen er es erhalten hatte. Dabei hatte er mit dem „EK Zwo" gleich zwei Auszeichnungsstufen übersprungen: die Medaille zum Kriegsverdienstkreuz und das Kriegsverdienstkreuz II. Klasse. Er hatte sich also in jedem Fall in brenzligen Situationen mehrfach bewähren müssen – und von denen gab es zunehmend mehr. Auch auf einer Karte vom 10. Dezember ging er nicht darauf ein:

Die herzlichsten Weihnachtsgrüße aus dem weiten Russland. Für dieses Jahr ist es mir auch nicht vergönnt, das Weihnachtsfest im Kreise der Familie mit feiern zu können. Habe auch das zweite Paket dankend erhalten.

Von Heinrich Hoffmeier selbst gebastelte und mit Stanniolpapier ausgelegte Weihnachtskarte.

Unterdessen bestürmten sowjetische Truppen unablässig die von deutschen Soldaten noch gehaltenen Stellungen, wie die Berichte des OKW zeigen. Dass derartige Meldungen auch in der Nazi-Gewerkschaftszeitung – ausgerechnet mit dem Titel „Der Angriff" – abgedruckt wurden, entbehrt nicht eines gewissen Zynismus'.

Nach Zuführung neuer Kräfte traten die Sowjets gestern südlich Rschew zu einem neuen Großangriff gegen die deutsche Front an. Durch ungewöhnlich starken Infanterie- und Panzereinsatz versuchten sie, die deutsche Front zu durchbrechen. Durch Heer und Luftwaffe wurden 170 feindliche Panzerkampfwagen vernichtet, 127 allein im Abschnitt einer Infanteriedivision. Weitere 36 Panzer verlor der Feind südöstlich von Toropez, wo die eigenen Angriffe günstig fortschreiten. Die eingeschlossenen feindlichen Divisionen wurden trotz aller Entlastungsversuche auf engem Raum zusammengedrängt. Südlich des Ilmensees brachen wiederholte feindliche Angriffe zusammen. (12. Dezember)
Im mittleren Frontabschnitt scheiterten wie bisher alle Versuche der Bolschewisten, einen Durchbruch zu erzwingen. Die Angriffe brachen im zusammengefassten Abwehrfeuer vor den deutschen Stellungen zusammen, soweit sie nicht schon in der Bereitstellung zerschlagen wurden. Die südostwärts Toropez eingeschlossenen feindlichen Kräfte versuchten vergeblich, im Zusammenwirken mit starken Entlastungsangriffen auszubrechen. Im Gegenangriff wurde der Kessel weiter verengt. Eigene Angriffe im Abschnitt westlich Toropez führten zum Durchbruch durch eine stark verdrahtete und verminte feindliche Stellung. Insgesamt wurden im mittleren Abschnitt 48 Sowjetpanzer vernichtet und fünf Transportzüge des Feindes durch Luftangriffe zerstört. (15. Dezember)

Am 21. Dezember hieß es durch das Oberkommando der Wehrmacht:

> Am mittleren Don gelang dem Feind, der seit Tagen mit stärkster Kräftemassierung von Panzerverbänden angegriffen hatte, ein Einbruch in die dortige Abwehrfront. Er wurde mit ungeheuren bolschewistischen Verlusten erkauft. Um einer Flankenbedrohung zu begegnen, bezogen im Anmarsch befindliche deutsche Divisionen vorbereitete rückwärtige Stellungen und verhinderten dadurch eine Ausweitung des feindlichen Anfangserfolges. Die Kämpfe halten in unverminderter Stärke an.
> Nach Abwehr eines feindlichen Angriffes stürmte eine deutsche Angriffstruppe westlich Toropez gegen starken Widerstand eine feindliche Stellung. Der vorgeschobene Stützpunkt bei Welikije Luki wehrte auch gestern heftige feindliche Angriffe erfolgreich ab.

Die Stadt Welikije Luki war am 18. Juli 1941 von der deutschen Panzergruppe 3 erobert, aber schon während der sowjetischen Winteroffensive im Januar 1942 wieder angegriffen worden. Nur unter großen Verlusten hatten die deutschen Truppen den Angriff wenige Kilometer vor dieser an der Lowat gelegenen Stadt stoppen können – zumindest vorerst. Hitler hatte Welikije Luki zwar zum „Festen Platz" erklärt, doch am 15. Januar 1943 wurde die Stadt von der so genannten sowjetischen Kalinin-Front überrannt. Lediglich 102 deutsche Soldaten hatten sich zu den eigenen Linien durchschlagen können.

Wann fährt die Kleinbahn von Minden?

Kurz vor dieser dramatischen Niederlage und nur drei Tage vor Weihnachten, zu einer Zeit, in der es nur noch darum ging, sowjetische Angriffe abzuwehren und nicht mehr darum, selbst vorzurücken, in diesem Schlachtengetümmel also machte sich Heinrich Hoffmeier Gedanken über seinen nächsten Heimaturlaub. Weihnachtspost von zu Hause hatte er erhalten, für die er sich am 21. Dezember bedankte. Wie in jedem Brief beteuerte er, dass es ihm bisher noch immer gut gehe:

Habe Eure Weihnachtskarte dankend erhalten. Nun ist es das dritte Mal, dass man das Weihnachtsfest in der Ferne verleben muss. Wer weiß, wie oft noch. Hoffentlich geht es Euch allen noch recht gut. Mir geht es bisher auch immer noch gut. Anfang, oder in der ersten Hälfte des Januars werde ich wohl in Urlaub fahren können.

Und als gäbe es das Gemetzel um ihn herum nicht, dem er jederzeit zum Opfer fallen konnte, äußerte er dann diese Bitte:

Nun habe ich ein Anliegen: seid so gut und teilt mir mit, zu welchen Zeiten die Kleinbahn von Minden tagsüber abfährt, so dass ich mich danach richten kann, oder ob es günstiger ist, wenn ich bis Herford oder Bielefeld fahre. Es wäre sehr lieb, wenn Ihr mir einige Zeiten angeben könntet, wie die Züge von Herford fahren. Ich lege eine Marke bei, so dass ich früh genug Nachricht bekomme.

Seine große Sorge, dass der Urlaub gestrichen werden oder ihm etwas zustoßen könnte, umschrieb er mit den knappen Worten:

Hoffentlich geht alles gut, dass ich fahren kann.

Seid vielmals gegrüßt von Heinrich

Er hatte Glück: Er durfte den Heimaturlaub antreten und ein paar Wochen bei seiner Familie verbringen. In dieser Zeit konnte er aus der – räumlichen – Distanz verfolgen, was sich in „seinem" Frontabschnitt tat, wenngleich ihn die Gedanken daran und an seine Kameraden nicht mehr losließen.

Im Ostkaukasus versuchten starke feindliche Infanterie- und Panzerverbände, die eigenen Linien zu durchbrechen. Sämtliche Angriffe wurden unter Verlusten für den Gegner abgeschlagen. Auch im Dongebiet scheiterten erneute Angriffe des Feindes in schweren Kämpfen. Die Besatzung des Stützpunktes Welikije Luki schlug in zähem Widerstand unablässig wiederholte Angriffe der Sowjets ab. Im Raum von Rschew wurden in der Zeit vom 25. November bis 31. Dezember 1942 8.500 Gefangene eingebracht und 1.910 Panzer vernichtet, erbeutet oder bewegungsunfähig geschossen, 582 Geschütze erbeutet oder vernichtet. (2. Januar 1943)

Das Kriegsjahr 1943

23. 1.   Deutsch-italienische Panzerverbände räumen Tripolis
25. 1.   Die Casablanca-Konferenz mit Roosevelt und Churchill endet mit der Forderung nach der bedingungslosen Kapitulation Deutschlands, Italiens und Japans
27. 1.   Erster US-Luftangriff auf Deutschland am Tage

Heinrich Hoffmeier werden die Zahlen über gegnerische Verluste nicht sonderlich beeindruckt haben, denn er wusste aus eigener leidvoller Erfahrung, dass die der Deutschen längst weitaus höher waren. Mit welchen Gefühlen er die Familie verließ, um an die Front zurückzukehren, kann man erahnen, insbesondere, wenn man seinen Brief liest, den er am 12. Februar schrieb, kurz nachdem er wieder bei seiner Einheit eingetroffen war.

Ich kann Euch mitteilen, dass ich wieder gut bei meiner Truppe

gelandet bin. Hier sind inzwischen allerlei Veränderungen eingetre-
ten. Es ist hier bedeutend kälter als bei Euch. Zur Zeit ist hier sehr
viel Schneegestöber, das uns unheimlich viel Arbeit macht.
Hoffentlich hat der ganze Kram bald ein Ende.

Wie geht es Willi [der Sohn von Henriette, d. Hg.] *denn im*
Arbeitsdienst?

Ich hatte mir durch die Fahrt eine Erkältung zugezogen, ich bin
aber auf dem Weg der Besserung.

Einen Tag zuvor hatte das OKW bekannt gegeben:

> Auch am vergangenen Tage versuchten die Sowjets,
> westlich des Oskolabschnittes durch massiert vorgetra-
> gene Angriffe die deutschen Kräfte in einigen Vertei-
> digungsräumen zu fesseln und dadurch an der beweg-
> lichen Kampfführung zu hindern. Trotzdem gelang es
> durch Gegenangriffe örtlicher Reserven, vorgeprellte
> feindliche Kolonnen zu schlagen und zu vernichten.
> (11. Februar)

Und am Tag, als Heinrich Hoffmeier von „allerlei Veränderungen" – eine Umschreibung für noch mehr Tote in seiner
Kompanie – sprach, hieß es aus dem „Führerhauptquartier":

> Im Raum nördlich Kursk scheiterten weitere Angriffe
> der Sowjets gegen unsere Abwehrfront unter starken
> Verlusten. Unzusammenhängende Angriffe des Feindes
> im Raum Welikije Luki brachen zusammen. Angriffe der
> Luftwaffe und Truppenbereitstellungen bewirkten, dass
> die feindlichen Angriffe nur zersplittert geführt werden
> konnten. (12. Februar)

Drei Tage später verlautbarte das OKW:

> Der Feind versucht an der Ostfront mit immer neuen
> Verbänden, die er an Stelle seiner ausgebluteten Truppen

in die Schlacht wirft, durch Umfassungs- und Durch-
bruchsoperationen zu einem entscheidenden Erfolg zu
kommen. Die deutschen Armeen machen durch uner-
schütterlichen Widerstand, elastische Kampfführung
und entschlossene Gegenangriffe die Absicht der Sowjets
zunichte und fügen dem Feind stets von neuem schwerste Verluste zu. Die Winterschlacht zwischen der Don-
mündung und dem Raum nördlich Kursk nahm wieder
an Heftigkeit zu. Der am mittleren Donez in das eigene
Hintergelände vorgestoßene feindliche Kavalleriever-
band wurde von seinen rückwärtigen Verbindungen
abgeschnitten und geht seiner Vernichtung entgegen.
Im Zuge der Absetzbewegungen aus dem Donezbogen
auf die vorgesehene verkürzte Verteidigungsstellung
wurden planmäßig und ohne jede Behinderung durch
den Feind die Städte Rostow und Woroschilowgrad
geräumt. An der Front zwischen Wolchow und Ladogasee und vor Leningrad griff auch gestern der Feind auf
breiter Front an. Die Angriffe brachen im zusammengefassten Feuer aller Waffen zusammen. (15. Februar)

18. 2.   Goebbels verlangt in einer Rede im Berliner
         Sportpalast den „totalen Krieg"
23. 2.   Zusammenfassung der Streitkräfte in Tunesien
         und des Deutschen Afrika Korps unter Rommel

Von alledem merken wir hier nichts

Es dauerte bis zum 11. April, ehe Heinrich Hoffmeier, der zwischenzeitlich erkrankt und doch nicht so schnell genesen war, wie er im Februar noch geschrieben hatte, Gelegenheit fand, einen weiteren Brief an seine Halbschwester zu schicken. Abgesehen davon, dass er selbst Tag für Tag um sein Leben zu fürchten – und zu kämpfen – hatte, erfuhren die Frontsoldaten vor allem aus den Briefen aus der Heimat, dass sich mittlerweile die alliierten Luftangriffe auf deutsche Städte häuften. Der Krieg war an seinen Ausgangspunkt zurückgekehrt und hatte Deutschland endgültig erreicht. Für die Soldaten war dies zwangsläufig Anlass, sich zusätzliche Sorgen zu machen. Heinrich Hoffmeier brachte seine Empfindungen in dieser Weise zum Ausdruck:

Ich will heute mal erst wieder ein paar Zeilen schreiben. Habe auch Euren Brief vom 31. 3. 43 dankend erhalten. Wie ich lesen konnte, geht es Euch allen ja noch ganz gut. Mir geht es zur Zeit auch noch immer sehr gut. Ich habe mich auch wieder ganz gut erholt.

Wie Ihr schreibt, sind die Leute wohl bald in ihrem Bammel (in ihrer Angst, der Hg.) *nicht mehr zu halten. Es ist ja auch zu verstehen, bei dieser Bombardierung, und wo eine Stadt nach der anderen zerstört wird. Euer Brief hat mich sehr interessiert. So kann man sich ein Bild machen über das, was in Deutschland so passiert. Von alledem merken wir hier nichts. Wir haben auch schon oft gedacht, es ginge nicht mehr, und es ging doch immer noch weiter.*
Ich wünsche Euch ein recht vergnügtes Osterfest.
Seid vielmals gegrüßt
Heinrich

Er, der im tiefsten „Schlamassel" steckte, ermunterte die Verwandten, die auf dem Lande in relativer Sicherheit lebten, dazu durchzuhalten und hätte doch eine solche Ermunterung und Stärkung eher selbst benötigt. Wie schon zu Weihnachten, kam es Heinrich Hoffmeier hart an, nun auch das nächste christliche Fest an der Front verbringen zu müssen, wie aus seinem Brief vom 23. April hervorgeht:

Hoffentlich trifft Euch dieser Brief bei bester Gesundheit an, so wie mich dieser Brief hier verlässt. Ich habe das Osterfest schon verlebt, bevor Euch dieser Brief erreicht. Möchte doch mal wissen, wann es mir mal vergönnt ist, einen Feiertag mit in der Heimat zu verleben?

Wo hält sich Willi denn jetzt auf? Ist er schon zum Wehrdienst einberufen? Es wird sicher bald dazu kommen. Ich habe Euch schon vorigen Sommer mitgeteilt, dass Willi als Soldat wohl nach Russland kommen wird, denn dass es dieses Jahr zu Ende geht, glauben wir hier alle nicht.

Der Gaskrieg wird wohl unvermeidlich sein. An Hitlers Geburtstag [20. April, d. Hg.] *habe ich Eure beiden Pakete bekommen. Meinen allerbesten Dank dafür. Es hat mir alles gut geschmeckt, der Zustand war einwandfrei. Damit waren Eure Pakete die ersten nach der Päckchensperre.*

In den OKW-Meldungen spielte in diesen Wochen das Geschehen an der Ostfront kaum eine Rolle, es war allenfalls von „erfolgreich abgewehrten Angriffen des Feindes" die Rede. Stattdessen rückten Berichte über die Kämpfe vor allem auf dem afrikanischen Kontinent in den Vordergrund, wo sich die deutsch-italienischen Truppen Kilometer um Kilometer zurückziehen und Stadt für Stadt aufgeben mussten. Daran, dass die Zahl der Luftangriffe auf deutsches „Reichsgebiet" ständig zunahm, kamen jetzt selbst die Propagandisten im „Führerhauptquartier" nicht mehr vorbei. Selbst wenn sie es versuchten: Sie konnten dies mit einer Schlagzeile wie „55 Bomber beim Einflug ins Reichsgebiet abgeschossen" (18. April) ebenso wenig verbrämen wie mit dem Hinweis, im April 1943 seien Schiffe mit insgesamt 423.000 Bruttoregistertonnen versenkt worden (3. Mai).

19. 4. Beginn des Aufstandes der Juden im Warschauer
Ghetto

Um „Willi" ging es auch im nächsten Schreiben, das vom 4. Mai datiert. Neben Dank für Brief und Plätzchen ging es Heinrich Hoffmeier darum zu erfahren, wie es Willi denn gehe. *Wie gefällt es Willi bei den Soldaten? Teilt mir doch bitte mal seine Adresse mit. Er schreibt ja jetzt gar nicht mehr.*

War dies noch unverfänglich, gab Heinrich Hoffmeier in den weiteren Zeilen der unter den deutschen Soldaten um sich greifenden Mutlosigkeit Ausdruck. Kein deutscher Landser, der mit der Front-Realität konfrontiert war, glaubte mehr an einen Sieg oder gar „Endsieg", und daran änderte auch nichts, dass Reichs-Propagandaminister Goebbels inzwischen im Berliner Sportpalast den „totalen Krieg" ausgerufen hatte. Im Gegenteil. Heinrich Hoffmeier zumindest fürchtete, dass dieser „totale Krieg" das Hereinbrechen der Katastrophe für das „Reichsgebiet" bedeuten würde, und ließ dies auch anklingen:

Man sollte glauben, dass es mit dem Krieg nun bald ein Ende hat. Ich glaube, das wird wohl doch länger dauern, als wir alle denken. Wir wollen immer daran denken, dass wir einen totalen Krieg haben. Ihr müsst begreifen, was das heißt.

Am selben Tag gab das OKW bekannt, an der Ostfront sei der Tag ruhig verlaufen. Allerdings habe schwere Artillerie des Heeres mit gutem Erfolg kriegswichtige Anlagen in Leningrad beschossen. Dass von „Ruhe" keineswegs gesprochen werden konnte, erfuhren die Menschen an der „Heimatfront" am 11. Mai, als „Der Angriff" und andere Zeitungen einen Bericht über die große „Luftschlacht über Orel" veröffentlichten, dem Gebiet, in dem Heinrich Hoffmeier zu kämpfen hatte. Orel sei „der stählerne Pfeiler in der großen Winterabwehrschlacht" gewesen, der den Sowjets auf den Fingern brenne. Schneestürme, Eis und Kälte seien Partner der Sowjets gewesen, als sie versucht hätten, mit dem Massenaufgebot die Steppe südlich und nördlich umgehend eine große Zange um Orel zu legen, hieß es, und weiter:

Was den Sowjets auf der Erde nicht gelang, versuchen sie seit einiger Zeit durch die Luftwaffe einigermaßen auszugleichen. Verschiedene Nachtangriffe haben das Gesicht der Stadt kaum verändert, das zivile und militärische Leben nimmt seinen Fortgang – Orel blieb für den Gegner ein gefährliches deutsches Sprungbrett.

Deshalb hätten die Sowjets für den 6. Mai einen Großangriff aus der Luft angesetzt, mit dem Ziel, der starken militärischen Basis der Deutschen einen schweren Schlag zu versetzen.

Rund 70 Bomber, Schlachtflieger und Jäger wurden in der Mittagsstunde auf den sowjetischen Startplätzen startklar gemacht zum Flug gegen Orel. Ihr Ziel waren Flugplätze und Stadtgebiet, ihre Absicht war, mit einem großen Handstreich diesen deutschen Machtfaktor auszuschalten oder doch wenigstens lahmzulegen.

Überall herabstürzende „Sowjetbomber" seien das Ergebnis gewesen, wieder einmal sei der Gegner abgeschlagen worden, wurde den Lesern weisgemacht, während auf derselben Seite und im Hinblick auf die Kämpfe auf anderen Kriegsschauplätzen eingeräumt werden musste:

Südlich von Tunis führte der Feind zahlreiche frische Infanterie und Panzerverbände zum Angriff gegen die Stellungen der deutschen und italienischen Truppen heran. Trotz größter Entbehrungen und wochenlangen ununterbrochenen Kampfeinsatzes setzen die heldenmütig kämpfenden Soldaten aller Truppengattungen auch gestern dem pausenlosen Ansturm des Feindes härtesten Widerstand entgegen. […] Eine Flakdivision unter Führung des Generalmajors Neuffer vernichtete

noch mit ihren letzten Granaten 37 feindliche Panzer.
(11. Mai)

Am 14. Mai war in den deutschen Zeitungen wieder einmal zu lesen, der Tag an der Ostfront sei bis auf örtliche Stoß- und Spähtrupptätigkeit im Allgemeinen ruhig verlaufen. Diese Feststellung entsprach offensichtlich der tatsächlichen Situation, denn Heinrich Hoffmeier schrieb am selben Tag, Pfingsten 1943, Grüße nach Hause:

Die besten Pfingstgrüße aus weiter Ferne sendet Euch Euer Heinrich. Hoffentlich habt Ihr das Pfingstfest gut verlebt. Bei uns ist ein Tag wie der andere. Der Russe hat uns hier bis heute in Ruhe gelassen.

Dies war – wenn man so will – die positive Botschaft, doch ihr folgte der Satz:

Wir erwarten aber jeden Tag, dass er angreift.

Zu der Furcht vor dem nächsten Ansturm der sowjetischen Truppen kam nun noch eine unerträgliche Hitze. Kaum waren die Schneestürme und eisige Kälte sowie das darauf folgende Tauwetter, das die Landschaft in einen einzigen Sumpf verwandelt hatte, überstanden, berichtete Heinrich Hoffmeier:

Der Sommer hat hier auch angefangen. Wir haben jetzt 35 Grad. Dabei wird einem schon ganz gut warm. Und wiederum erkundigte er sich nach Willi: *Wie gefällt es denn Willi bei den Soldaten? Der schreibt mir gar nicht mehr.*

Glaubt nicht, was so alles gesagt wird

In den Bekanntmachungen aus dem Berliner „Führerhauptquartier" bekam der Name der Stadt Orel eine immer
größere Bedeutung, und er verhieß für die deutschen Truppen und für die Daheimgebliebenen nichts Gutes. Wenn
Heinrich Hoffmeiers Verwandte ihn hörten oder von ihm
lasen, wussten sie, dass sich dieses Gebiet in einen He-
xenkessel verwandelt hatte, auch wenn Orel zumindest bei
den Propagandisten für deutsches Soldaten- und Heldentum
stand, auf das die Betroffenen nur allzu gern verzichtet hätten. In der Pfingst-Ausgabe des „Angriff" schilderte Kriegsberichter Erich Albrecht die Kämpfe um Orel aus seiner ideo-
logisch-verklärten Sicht:

> Lange ist die harte Abwehrschlacht um Orel beendet.
> Wochen ist es her, seit die mit ungeheuerlichen Blut- und
> Materialopfern bezahlten Versuche der Bolschewisten,
> diesen für sie so wichtigen Abschnitt der Ostfront an
> sich zu reißen und einen Durchbruch durch die deut-
> schen Linien zu erzwingen, zusammenbrachen. Ruhe ist
> bei uns eingekehrt. Dass dabei immer wieder kleinere
> örtliche Unternehmungen und Störangriffe stattfinden,
> ist nach Lage der Dinge klar. Auch die Artillerie
> schweigt nicht völlig, sondern schießt Störungsfeuer
> und erstickt jeden Angriffsversuch des Feindes mög-
> lichst schon in der Bereitstellung.
> Unsere Aufklärungsgruppen sind deshalb genau wie
> während der Abwehrschlacht Tag und Nacht im Ein-
> satz, um den Kampf- und Sturzkampfverbänden der
> Luftwaffe und der schweren und mittleren Artillerie des
> Heeres den Weg in die Stellungen, Verkehrsanlagen und
> Nachschublager des Feindes zu weisen.

Die Arbeit ist schwer und nervenaufreibend: Sie müssen über dem befohlenen Raum kreisen, ihre Aufnahmen machen oder die deutsche Artillerie einschießen und ziehen dadurch die gesamte Jagd- und Flakabwehr des Feindes auf sich. Sie können erst abdrehen, wenn ihr Auftrag erfüllt ist. Und er muss erfüllt werden, koste es, was es wolle, denn zu viel hängt für die Führung davon ab! Das erzieht zu rücksichtsloser Einsatzbereitschaft und Härte, aber auch zu höchster Kameradschaft.

12. 5.   Kapitulation des Deutschen Afrika Korps; 130.000 deutsche und italienische Soldaten geraten in Gefangenschaft

Trotz der dem „Dritten Reich" eigenen pathetischen Sprache war der Kampf um Orel keineswegs beendet, und es sollte nur noch wenige Wochen dauern, bis die deutschen Truppen die Stadt endgültig aufgeben mussten. So stand das Schlimmste den deutschen Soldaten noch bevor, als Heinrich Hoffmeier am 20. Juni schrieb:
Die besten Sonntagsgrüße aus weiter Ferne sendet Euch Heinrich.
Kann Euch mitteilen, dass ich Euren lieben Brief vom 5/6. dankend erhalten habe. Das ist die Hauptsache, dass es Euch allen noch recht gut geht. Etwas anderes kann ich auch von mir nicht mitteilen. Gestern habe ich Euer schönes Paket erhalten, mit dem Kuchen und dem Stück Schinken. Meinen herzlichsten Dank. Ich habe mich richtig darüber gefreut, denn ich hatte richtigen Heißhunger auf ein Stück Schinken. Es ist ja auch unheimlich, was man hier alles entbehren muss. Glaubt nicht, was da so alles gesagt wird. Jedes halbe Jahr Urlaub ... das können sie nur mit den Truppen machen, die rückwärtig liegen.
In der Zwischenzeit hatte Heinrich Hoffmeier endlich auch Nachricht von seinem Neffen Willi erhalten und erfah-

ren, dass dieser die Blutgruppe 0 hatte. Aus heutiger Sicht mag dies völlig unbedeutend klingen, doch zu Zeiten des Zweiten Weltkrieges konnte die Blutgruppe im buchstäblichen Sinne über Tod und Leben entscheiden, nämlich darüber, wohin ein Soldat geschickt wurde. Seine Halbschwester und ihr Mann hatten befürchtet, ihr Sohn Willi könne auf den afrikanischen Kriegsschauplatz beordert werden, doch Heinrich Hoffmeier konnte sie zumindest in dieser Hinsicht beruhigen:

Die Blutgruppe, die Willi hat, hat weiter nichts zu bedeuten. Er hat gutes Blut. Nur die Blutgruppe 0 wurde bisher für Afrika abgestellt. Dort hat es ja jetzt ein Ende. Darum macht Euch mal keine Sorgen. Ich habe Blutgruppe A/B.

Offensichtlich hatte ihm seine Halbschwester Henriette mitgeteilt, dass ein Bekannter aus dem Heimatort gefallen war, denn Heinrich Hoffmeier schloss seinen Brief mit den nüchternen, knappen Worten:

Den Schulze, der gefallen ist, kannte ich ganz gut.

Nicht etwa Gefühlskälte spricht aus dieser kurzen Zeile, sondern die Gewöhnung an den tausendfachen Tod.

24. 5.	Abbruch des deutschen U-Boot-Krieges im Atlantik wegen zu hoher Verluste
10. 6.	Beginn kombinierter britisch-amerikanischer Bomberangriffe auf Deutschland

Wieder andere vermissen ihre Mütter...

Der Brief, den Heinrich Hoffmeier kurz darauf, am 4. Juli, zu Papier brachte, ist in vielfacher Hinsicht bemerkenswert. Es finden sich Worte wie *Wir müssen siegen und wir werden siegen* oder *Wir dürfen nicht weich werden.* Isoliert betrachtet, könnte aus solchen Aussagen geschlossen werden, der Verfasser sei den Nazi-Parolen vom Endsieg erlegen und glaube nun selbst daran. Dem war natürlich überhaupt nicht so, wie die übrigen Schreiben unmissverständlich belegen. Es ist vielmehr zu vermuten, dass Heinrich Hoffmeier mit diesen Zeilen potenzielle Zensoren milde stimmen und sich den zu dieser Zeit beantragten „Fronturlaub" nicht durch „defätistische" Aussagen verderben wollte. Denn diese kennzeichneten die meisten seiner Briefe und waren Spiegelbild seines ganzen Denkens und innersten Fühlens. Eine Reverenz an mögliche „Mitleser" also und nicht mehr.

Wie gedrückt die Stimmung an der Front in Wirklichkeit gewesen sein muss – unabhängig von der Gefahr, in der die Soldaten selbst jederzeit schwebten –, lässt sich daraus ermessen, dass in Heinrich Hoffmeiers Kompanie zunehmend Telegramme eintrafen, die über Zerstörungen nun auch im „Reichsgebiet" informierten.

Zur größten Freude erhielt ich vor einigen Tagen Euren lieben Brief vom 14. 6. Meinen besten Dank dafür. Wie ich lesen konnte, geht es Euch allen ja noch ganz gut. Mir geht es auch immer noch ganz gut, und das ist ja zur Zeit die Hauptsache. Willi wird es auch die erste Zeit wohl anders gehen als beim Arbeitsdienst. Denn bei den Soldaten geht es doch anders zu, aber auch das wird Willi überstehen. Ich hoffe, dass er sich von seiner Grippe erholt hat. Ich habe Euch ja damals schon geschrieben, dass Willi in den Krieg kommen wird.

Ich glaube ganz sicher, dass der Krieg noch kein Ende hat, auch wenn der Engländer eine Stadt nach der anderen zertrümmert. Das ist alles nicht entscheidend. Die Hauptsache ist nur, dass wir nicht

Abſender:

Dienſtgrad: *[Soldat]*

Vor- und Zuname *[Heinrich Hoffmann]*

Feldpoſtnummer: *00786 E.*

(Bezeichnung des Truppenteils verboten. Als Dienſtgrad nicht Schütze, Pionier, Flieger uſw. angeben, ſondern nur Soldat, Gefreiter, Leutnant uſw.)

[handgeschriebener Text, unleserlich]

weich werden, sondern noch stärker als bisher. Denn wir müssen siegen und wir werden siegen.

Hier kommen fast täglich Telegramme an diejenigen, die zum Teil total ausgebombt sind. Wieder andere vermissen ihre Mütter und Schwestern. Das kann hier keinen weich machen, sondern wir hoffen nur, dass es uns allen vergönnt ist, nach England mitzufahren!

Wir liegen nun auch schon wieder einige Zeit in Stellung, und zur Zeit ist es hier noch ganz ruhig. Aber wir erwarten jeden Augenblick, es wieder mit den Russen zu tun zu kriegen, denn bei Orel geht es zur Zeit wieder hoch her. Hoffentlich ist es mir noch einmal vergönnt, bald in den Urlaub fahren zu können.

Um Heinrich Hoffmeier richtig zu verstehen und ihn nicht plötzlich zum Anhänger der Endsieg-Ideologie zu erklären, ist hier diese Erläuterung erforderlich: Mit dem Satz *Wir hoffen alle, dass es uns allen vergönnt ist, nach England mitzufahren!* bezog er sich auf einen vorgedruckten Propaganda-Spruch auf den Feldpostbriefen und -karten mit der Aussage des „Führers": „Wo wir England schlagen können, werden wir England schlagen." Die Ironie – man mag auch sagen: der Galgenhumor –, die aus Heinrich Hoffmeiers Anmerkung sprach, war angesichts der aussichtslosen Lage, in der sich Deutschland zu diesem Zeitpunkt bereits befand, unübersehbar, zumal sie den Frontsoldaten jeden Tag überdeutlich vor Augen geführt wurde.

10. 7.	Landung der Alliierten auf Sizilien
19. 7.	Erster amerikanischer Luftangriff auf Rom
22. 7.	Palermo wird von amerikanischen Truppen besetzt
24. 7.	Beginn der britischen Luftangriffe auf Hamburg

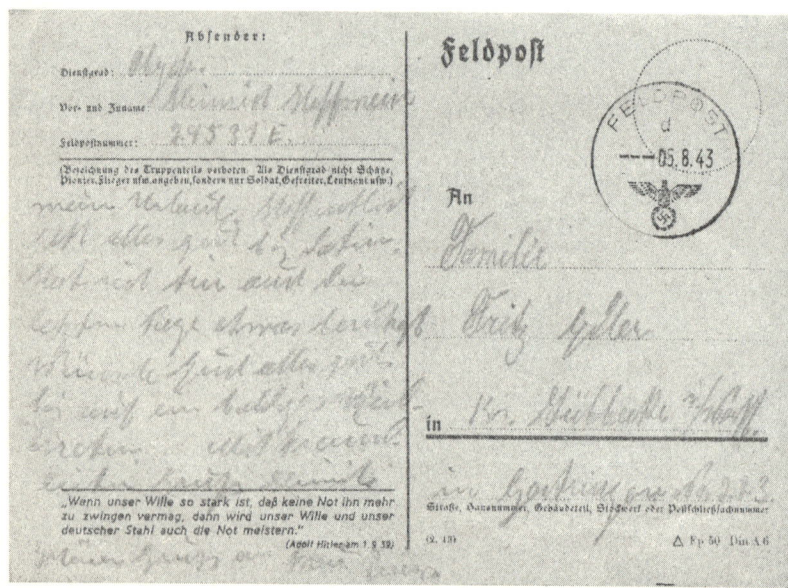

„Wenn unser Wille so stark ist, daß keine Not ihn mehr
zu zwingen vermag, dann wird unser Wille und unser
deutscher Stahl auch die Not meistern."
(Adolf Hitler am 1. 9. 39.)

Feldpost

Absender:
Dienstgrad:
Vor- und Zuname:
Feldpostnummer:
(Bezeichnung des Truppenteils verboten. Als Dienstgrad nicht Schütze,
Pionier, Flieger usw. angeben, sondern nur Soldat, Gefreiter, Leutnant usw.)

An

Familie

in

Straße, Hausnummer, Gebäudeteil, Stockwerk oder Postschließfachnummer

(2. 43)

Δ Fp 50 Din A 6

05. 8. 43

74

Nacht für Nacht legten nunmehr alliierte Fliegerverbände weitgehend unbehindert Bombenteppiche über deutsche Metropolen und setzten sie mit Zigtausenden von Phosphorbomben in Brand. Insbesondere griffen sie die Zentren der Rüstungsindustrie an sowie Großstädte, deren Zerstörung eine besonders verheerende Wirkung auf die Moral und den Widerstandswillen der Bevölkerung haben musste und auch hatte. Selbst die Propaganda-Organe des „Reiches" kamen nicht umhin, nahezu täglich alliierte Luftangriffe auf deutsche Städte einzuräumen:

Einzelne feindliche Flugzeuge flogen in der vergangenen Nacht in das westdeutsche Grenzgebiet ein. Durch Abwurf einiger weniger Bomben entstanden Gebäudeschäden.

Zu dieser eher verharmlosenden Meldung passten die nachfolgenden Zeilen allerdings wenig:

Im Monat Juni wurden über dem Reich und den besetzten Westgebieten von Luftwaffe und Kriegsmarine 614 britische und nordamerikanische Flugzeuge abgeschossen, darunter 408 viermotorige Bomber. (4. Juli)

Wenn – angeblich – über 600 alliierte Flugzeuge abgeschossen worden waren, dann konnte es sich kaum mehr um Angriffe „einzelner" Flugzeuge gehandelt haben. Zudem wurde die Propaganda selbst unter den Nazi-Anhängern immer unglaubhafter, wenn die Luftschutzsirenen aufheulten, die Menschen sich in die Bunker retten mussten und nach der Entwarnung mit unübersehbaren Trümmerfeldern konfrontiert wurden

Gestringen – fernab jeder Großstadt – war so gesehen ein relativ sicherer Ort, wenn es solch einen auf dem Gebiet des „Großdeutschen Reiches" denn überhaupt noch gab. Zumindest um Luftangriffe auf seinen Heimatort musste sich Heinrich Hoffmeier keine Sorgen machen. Es bestand allenfalls die geringe Gefahr, dass ein alliiertes Flugzeug auf seinem Rückflug über einer solchen Region letzte Bomben abgeworfen hätte.

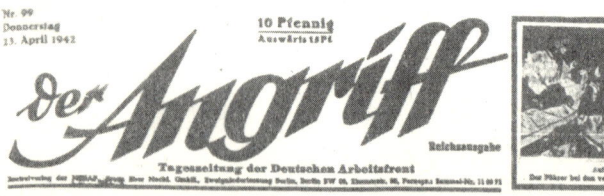

Das „Große Ringen" hat begonnen

Was abzusehen war und die Landser an der Front seit langem wussten, setzte Anfang Juli ein, noch bevor Heinrich Hoffmeier in den Urlaub ausgeflogen werden konnte: die letzte Schlacht um die Region Orel. Die OKW-Meldungen dieser Tage werden etwas ausführlicher wiedergegeben, denn nur sie lassen ein weiteres Schreiben Heinrich Hoffmeiers verstehen. In den Meldungen las sich das blutige Ringen so:

Im Raum Bjelgorod und südlich Orel scheiterten auch gestern schwere Angriffe, die die Sowjets mit stärksten, seit Wochen bereitgestellten Verbänden führten. Demgegenüber traten unsere Truppen, von der Luftwaffe wirksam unterstützt, selbst zum Angriff an. Es gelang, tief in die feindlichen Stellungen einzudringen und dem Feind schwerste Verluste zuzufügen. Allein von Truppen des Heeres wurden über 300 feindliche Panzer, zum Teil neuester Bauart, vernichtet oder bewegungsunfähig geschossen. (7. Juli)
Im Raum von Bjelgorod und südlich Orel kam es gestern zu schweren Panzerschlachten, in deren Verlauf durch Truppen des Heeres, durch Flakartillerie, Kampf- und Nahkampfgeschwader der Luftwaffe mehr als 400 sowjetische Panzer vernichtet wurden. Das feindliche, tiefgegliederte Stellungssystem wurde in zähen Wald- und Dorfkämpfen durchbrochen. Kampf- und Nahkampffliegergeschwader der Luftwaffe unterstützten die Angriffsoperationen des Heeres und fügten dem Gegner hohe Verluste an Menschen, schweren Waffen und rollendem Material zu. In heftigen Luftkämpfen wurden über dem Kampfraum im mittleren Abschnitt der Ostfront 193 Sowjetflugzeuge vernichtet. (8. Juli)
Das große Ringen im Raum Bjelgorod–Orel hält mit

gesteigerter Heftigkeit an. Seit vorgestern hat sich hinter dem durchstoßenen sowjetischen Stellungssystem eine gewaltige Panzerschlacht entwickelt, in der die Sowjets die größten Anstrengungen unternehmen, unsere stetig vordringenden Panzerkeile aufzufangen. Hierbei verlor der Feind neben hohen Verlusten an Menschen abermals 420 Panzer sowie eine große Anzahl von Geschützen und Salvengeschützen. (9. Juli)

In der großen Schlacht von Bjelgorod und Orel erzwangen Truppen des Heeres und der Waffen-SS gegen verbissenen Widerstand neu herbeigeführter feindlicher Kräfte weitere Angriffserfolge. Während nördlich Bjelgorod erheblicher Geländegewinn erzielt wurde, entwickelten sich südlich Orel schwere Artilleriekämpfe. (10. Juli)

In der Schlacht zwischen Bjelgorod und Orel gelang es unseren Truppen, eine größere feindliche Kräftegruppe einzuschließen und zu vernichten. Dabei wurden mehrere tausend Gefangene eingebracht, 129 Panzer abgeschossen, zahlreiche Geschütze und sonstige Waffen erbeutet. Insgesamt wurden gestern 220 Panzer und 70 Flugzeuge vernichtet. Entlastungsangriffe, die die Sowjets östlich und nördlich Orel unternahmen, wurden abgewiesen. (12. Juli)

Nördlich Bjelgorod gewann der deutsche Angriff, von der Luftwaffe unterstützt, nach Zerschlagen von zwei feindlichen Panzergruppen weiter Raum. Gegenangriffe starker Infanterie- und Panzerverbände, die die Sowjets von anderen Frontabschnitten und aus der Tiefe herangeführt hatten gegen die Spitzen und Flanken der deutschen Angriffskeile, und heftige Entlastungsangriffe im Raum östlich und nördlich Orel brachen unter schwersten feindlichen Verlusten zusammen. (13. Juli)

Während die Kampftätigkeit nördlich von Bjelgorod

gestern nachließ, hielten die schweren Abwehrkämpfe im Raum von Orel weiter an. Die Angriffe der Sowjets wurden in harten und wechselvollen Kämpfen abgeschlagen. (17. Juli)

Die Sowjets rannten auch gestern gegen die Mitte und den Südteil der Ostfront vergeblich an. Sie erlitten dabei erneut hohe blutige Verluste und verloren 337 Panzer. Nördlich Bjelgorod wurden die in mehreren Wellen angreifenden Infanterie- und Panzerverbände der Sowjets bereits vor der Hauptkampflinie zerschlagen. Im gesamten Raum Orel wehrten unsere Truppen in wechselvollen Kämpfen die an zahlreichen Stellen der Front vorgetragenen Angriffe unter besonders hohen Verlusten für den Feind ab. (18. Juli)

Der Ansturm der Sowjets gegen die Ostfront scheiterte auch gestern an der erfolgreichen Abwehr unserer von der Luftwaffe hervorragend unterstützten Truppen, die dabei erneut 562 Panzer abschossen. Während im Raum nördlich Bjelgorod nur örtlich begrenzte Teilangriffe des Gegners gemeldet werden, halten die schweren Abwehrkämpfe im Kampfraum von Orel weiter an. Durch wuchtige Gegenangriffe wurden die Sowjets an einigen Stellen zurückgeworfen. An anderen Stellen brachten unsere Truppen in erbitterten Kämpfen den Angriff starker feindlicher Infanterie- und Panzerkämpfe zum Stehen. (20. Juli)

Auch im Raum von Orel nahm vor allem östlich und nördlich der Stadt die schwere Abwehrschlacht ihren Fortgang. Im südlichen Teil dieses Frontabschnitts wurden auf breiter Front vorgetragene Angriffe der Sowjets blutig abgeschlagen, örtliche Einbrüche abgeriegelt. (21. Juli)

Es will und will nicht nachlassen

Am 21. Juli nutzte Heinrich Hoffmeier ein paar freie Minuten für einen Brief, der sich ganz wesentlich von vorhergehenden unterschied. Hatte er sich bisher in seinen Schreiben weitgehend zurückgehalten, soweit es Schilderungen des Fronalltags anbelangte, sprach nun aus jedem Wort das Entsetzen über das Gemetzel, dem die deutschen und sowjetischen Soldaten ausgesetzt waren. Offensichtlich ging er davon aus, dass inzwischen auch in heimatlichen Zeitungen und Rundfunksendungen die Siegesmeldungen durch jene von Rückzug und Niederlage ersetzt worden waren. Er setzte voraus, dass seine Angehörigen es einordnen konnten, wenn er ohne weitere Hinweise ganz einfach von den „schweren Schlachten" sprach, die er durchzustehen und zu überleben gehabt hatte.

Ich will kurz ein Lebenszeichen von mir geben. Hoffentlich geht es Euch allen noch ganz gut. Bis jetzt bin ich auch noch gesund. Ich habe vor längerer Zeit Euren Brief vom 11. 7. 43 dankend erhalten. Ich will Euch mitteilen, dass auch ich in die schweren Schlachten verwickelt bin, und es will und will nicht nachlassen. Es geht hier fürchterlich zu. Dass man noch lebt, kann man nicht fassen. Das Getöse geht nun schon seit über 14 Tagen, von früh bis spät nachts. Das viele, viele Menschenblut, das hier fließt. Der Russe schleudert uns mit schweren Waffen ein Feuer entgegen. Den ganzen Tag krachen und bersten die Granaten, der [Russe, d. Hg.] wühlt förmlich das ganz Land um. Wir stehen längst nicht mehr da, wo wir gestanden haben.

Ich darf Euch das alles eigentlich gar nicht schreiben. Wir haben nur noch den einen Wunsch, dass der Krieg lieber heute als morgen vorbei sei. Dass wir den Krieg noch gewinnen, daran glauben wir alle nicht.

Abgesehen von diesem bewegenden Einblick in das Seelenleben des Heinrich Hoffmeier ist an dem Brief noch etwas anderes bemerkenswert: Im Satz: *Daran glauben wir alle*

nicht war das Wort „nicht" gestrichen und mit drei Fragezeichen versehen worden. Ob Heinrich Hoffmeier diese Än-
derung selbst vorgenommen hat, lässt sich nicht sicher
sagen – warum hätte er dann die Fragezeichen setzen sollen?
Denkbar ist, dass tatsächlich ein Zensor am Werke war, der
das in seinen Augen defätistische „nicht" strich, auf ein weiteres Vorgehen gegen Hoffmeier dann aber angesichts des
dramatischen Kriegsverlaufes, in dem jeder Mann gebraucht
wurde, verzichtete.

Im Raum Orel sollten die deutschen Truppen nicht mehr
zur Ruhe kommen. Die Tage, in denen diese wichtige Stadt
sich noch in deutscher Hand befinden sollte, waren gezählt.

Im gesamten Raum von Orel warfen die Sowjets gestern
starke, zum Teil frische Infanterie- und Panzerkräfte in
den Kampf, auch diese wurden in wechselvollen Kämpfen unter schweren Verlusten zurückgeworfen. (23. Juli)
Der Schwerpunkt der Kämpfe im Osten lag auch gestern
im Raum von Orel. Unsere Truppen, von starken Verbänden der Luftwaffe unterstützt, wiesen mehrere südlich, östlich und nördlich von Orel geführte feindliche
Durchbruchsversuche nach wechselvollen Kämpfen blutig ab und vernichteten zahlreiche Panzer. (27. Juli)
Im Kampfabschnitt von Orel wurden wiederum heftige
Infanterie- und Panzerangriffe abgewiesen. (30. Juli)

„Neue schwere Sowjetangriffe im Orelbogen gescheitert – In
2 Tagen der Abwehrschlacht 148 Sowjetpanzer zerstört", so
lautete die Hauptschlagzeile im „Angriff" am 1. August,
unter der knapp und kurz zu lesen war:

Gegen unsere Stellungen im Orelbogen führte der Feind
neue schwere Angriffe zusammengefasster Infanterie- und
Panzerkräfte. Sie sind in wechselvollen Kämpfen unter hohen
Verlusten gescheitert.

81

Zwischen Bjelgorod und Orel

Weitere 220 Panzer und 70 Flugzeuge vernichtet
U-Boote versenkten sechs Schiffe mit 42 000 BRT.

Aus dem Führerhauptquartier, 12. Juli.

Das Oberkommando der Wehrmacht gibt bekannt:

In der Schlacht zwischen Bjelgorod und Orel gelang es unseren Truppen, eine größere feindliche Kräftegruppe einzuschließen und zu vernichten. Dabei wurden mehrere tausend Gefangene eingebracht, 129 Panzer abgeschossen, zahlreiche Geschütze und sonstige Waffen erbeutet.

Insgesamt wurden gestern 220 Panzer und 70 Flugzeuge vernichtet. Entlastungsangriffe, die die Sowjets östlich und nördlich Orel unternahmen, wurden abgewiesen.

Seit dem 5. Juli verlor der Feind 28 000 Gefangene, 1640 Panzer und 1400 Geschütze.

Auf Sizilien versuchten die britisch-nordamerikanischen Landungstruppen vergeblich, den besetzten Küstenstreifen zu verbreitern. Deutsche und italienische Truppen traten gestern an bestimmten Stellen planmäßig zum Gegenangriff an und warfen den Feind in der ersten Gefechtsberührung zurück. Deutsche und italienische Luftstreitkräfte griffen die feindlichen Schiffsansammlungen an, versenkten mehrere größere Transporter und Landungsboote. Außerdem wurden drei Kreuzer und 42 Transportschiffe beschädigt und von einem italienischen Unterseeboot ein Kreuzer von 10 000 BRT. versenkt.

Der Feind verlor gestern über Sizilien und im Seegebiet über der Insel 36 Flugzeuge. Zehn deutsche Flugzeuge werden vermißt.

Bei bewaffneter Aufklärung über dem Atlantik warfen deutsche Flugzeuge zwei feindliche Schiffe, darunter ein Fahrgastschiff von über 20 000 BRT. Größe, in Brand.

Deutsche Unterseeboote versenkten in zähem Kampf aus stark gesicherten feindlichen Geleitzügen sechs Schiffe mit 42 000 BRT.

Harter Kampf auf Sizilien

Schickt mir keine Päckchen mehr

Mehr als erstaunlich ist, dass selbst in dieser Zeit, in der die deutschen Soldaten ums nackte Überleben kämpften, pausenlosen Angriffen ausgesetzt waren und die Frontlinien sich täglich verschoben, die Feldpost noch immer funktionierte. So bedankte sich Heinrich Hoffmeier am 1. August, einem Sonntag, für weitere Päckchen, die ihn inzwischen erreicht hatten.

Die besten Sonntagsgrüße sendet Euch Euer Heinrich. [...] Ich habe auch vor einigen Tagen Euer Päckchen erhalten. Meinen besten Dank dafür. Ihr braucht mir vorläufig keine Päckchen zu schicken. Ich hoffe, dass ich, wenn ich weiterhin Glück habe und gesund bleibe, im August in Urlaub fahren kann. Durch die Ausfälle [die hohe Zahl von Gefallenen und Verwundeten, d. Hg.] *bin ich gewaltig nach vorn gerückt auf der Urlaubsliste.*

Hoffentlich geht alles gut bis dahin. Es hat sich hier in den letzten Tagen etwas beruhigt.

Ich wünsche Euch alles Gute, bis auf ein baldiges Wiedersehen.

Dem Brief fügte Heinrich Hoffmeier eine anrührende Zeichnung für seine kleine Nichte Irmgard bei.

Russland, 28. Juli 1943 – Andenken von Onkel Heinrich war auf ihr zu lesen. Ein friedlich anmutendes Bild mit mehreren Blockhütten, ein Wegeskreuz, dazu Tannen in einer Hügellandschaft – entfernter von der Realität konnte die Landschaft, wie sie sich zu dieser Zeit darstellte, nicht wiedergegeben werden. Die Szene dürfte widerspiegeln, was sich Heinrich Hoffmeier fernab der Heimat am sehnlichsten wünschte: Ruhe und Frieden.

Wie Hohn muss den Soldaten an der Front dagegen der Ausspruch Hitlers vorgekommen sein, der sich nun auf den Feldpostkarten fand. Die Nazi-Propagandisten sprachen nicht mehr von der „Glorie" des Reiches, sondern hatten einen „Führer"-Spruch ausgewählt, der richtiger in die Zeit der jetzt permanenten Niederlagen passte: „Wenn unser

Bleistiftzeichnung von der Front. Heinrich Hoffmeier hatte sie seiner Nichte Irmgard geschickt.

Wille so stark ist, dass keine Not ihn mehr zu zwingen vermag, dann wird unser Wille und unser deutscher Stahl auch die Not meistern." An der Front konnte dieser martialische Spruch niemanden mehr beeindrucken.

> 17. 8. Sizilien wird von deutschen und italienischen Truppen geräumt; schwere britische Luftangriffe auf die Raketen-Versuchsanstalt in Peenemünde
> 3. 9. Landung der Alliierten auf dem italienischen Festland
> 8. 9. Kapitulation Italiens

Heinrich Hoffmeiers Wunsch, in den Heimaturlaub fahren zu können, ging in Erfüllung, doch bevor es so weit war, musste seine Einheit das zuvor schwer umkämpfte Gebiet räumen – „Frontverkürzung" nannte dies die Heeresführung verharmlosend.

Trügerische Ruhe.

Frontverkürzung bei Orel – Die Räumung der Stadt ungestört durchgeführt. Im Orelbogen wurde im Zuge der Frontverkürzungen die seit längerer Zeit vorgesehene Räumung der Stadt Orel in der Nacht vom 4. zum 5. August, vom Feinde ungestört, durchgeführt. Sämtliche Vorräte wurden planmäßig zurückgeführt, die kriegswichtigen Anlagen restlos zerstört. (5. August)

Es lässt sich nicht mehr nachvollziehen, wie sich die Fahrt Heinrich Hoffmeiers in den Heimaturlaub gestaltete und wann genau er sie antrat. Höchstwahrscheinlich wird er mit einem Auto zu einem hinter der Front gelegenen Flugplatz gebracht und von dort aus nach Deutschland ausgeflogen worden sein. In jedem Fall konnte er nun von Gestringen aus

Heinrich Hoffmeier.

für die nächsten Wochen das Geschehen auf dem Kriegsschauplatz verfolgen, an den er würde zurückkehren müssen. Wahrscheinlicher jedoch ist, dass er versuchte, „abzu-
schalten" und Kraft zu schöpfen. Diese Meldungen des OKW
werden deshalb vielleicht an ihm vorübergegangen sein:

Im Abschnitt von Orel vereitelten unsere Truppen in
harten Kämpfen, wirkungsvoll durch die Luftwaffe unterstützt, weitere Durchbruchsversuche der Sowjets.
(7. August)
Südwestlich Orel scheiterten Angriffe mehrerer Sowjet-
Divisionen. (12. August)
Im Abschnitt Bjelgorod wurden die immer wieder anflu-
tenden Angriffswellen der Sowjets im erbitterten Nah-

kampf von unseren Grenadieren zurückgeschlagen. Gegenangriffe von Panzerkampfgruppen des Heeres und der Waffen-SS drangen tief in die Flanken der feindlichen Stoßverbände ein, schlossen größere Teile von diesen ein und vernichteten sie. Während im Raum westlich Orel die Angriffskraft der Sowjets nachließ, verdoppelten sie ihre Anstrengungen, um in den Abschnitten von Wjasma, Belyi und am Ladogasee unter Einsatz von Panzern, Schlachtfliegern und starker Artillerie durchzubrechen. (16. August)

Im Süden und in der Mitte der Ostfront setzte der Feind seine Durchbruchsversuche, besonders in den Abschnitten von Krassnosmeiskoje, südlich und westlich Charkow, an der Desna und bei Kirow fort. Sie wurden in hartem Ringen größtenteils abgewehrt. Aus verschiedenen Einbruchsstellen sind eigene Gegenangriffe angesetzt. Neue heftige Angriffe der Sowjets südwestlich Beloyi scheiterten trotz des Einsatzes starker Infanterie- und Panzerkräfte. (15. September)

Heinrich Hoffmeier hätte diese Schlachten, wenigstens andeutungsweise, in Zeitungen und im Rundfunk verfolgen können. Was es beispielsweise hieß, dass die Sowjets ihre Anstrengungen verdoppelten, wusste er ohnehin aus eigener Anschauung. Nun aber er war wenigstens für einige Zeit bei seiner hochschwangeren Frau Sophie und Sohn Gerhard, und er hatte, wie bei jedem seiner seltenen Besuche, einige kleine Geschenke mitgebracht. Einmal überraschte er mit sechs bunten Taschentüchern (die es auch heute noch gibt), dann wieder mit einem Dosenöffner russischer Herkunft, von dem er augenscheinlich zu Recht meinte, er sei erheblich besser als jeder deutsche. *Wenn keiner funktioniert, der tut's,* waren damals seine Worte. Und in der Tat ist dieser Dosen-

Heimaturlaub. Heinrich Hoffmeier mit seinem Sohn Gerhard, damals etwas über ein Jahr alt.

Stolze Eltern: Sophie
und Heinrich Hoffmeier mit
Sohn Gerhard.

Frieda Edler, Tochter der
Halbschwester Heinrich
Hoffmeiers. Der damals
Zwölfjährigen brachte
Heinrich Hoffmeier stets
kleine Geschenke mit.

öffner sechzig Jahre, nachdem ihn Heinrich Hoffmeier von der Front mitgebracht hatte, weiterhin in Gebrauch.

Natürlich stattete er in dem viel zu kurzen Urlaub Freunden, vor allem aber seinen engen Verwandten, Besuche ab. So wohnte unter anderem ein Bruder im Nachbarort, während sein jüngerer Bruder Hermann bereits 1941 in Russland gefallen war.

Als er sich dann wieder verabschieden musste, um an die Front zurückzukehren, meinte er scheinbar beiläufig: *Wahrscheinlich komme ich nicht wieder.* Obwohl ihm seine Verwandten widersprachen – *Heinrich, Dir passiert doch nichts –*, hatte er doch offensichtlich jede Hoffnung aufgegeben, die ihm bevorstehenden schweren Kämpfe an der Ostfront zu überleben. In die Erinnerung seiner Nichten eingebrannt hat sich die Ankündigung, „die letzte Kugel" sei für ihn, auf keinen Fall werde er in russische Kriegsgefangenschaft gehen; zu viel Schlimmes habe man über die Lage der gefangenen Soldaten gehört. Auch die Bitte, die Verwandten mögen sich doch um seine Frau, seinen Sohn Gerhard und das noch ungeborene Kind kümmern, ist nicht misszudeutender Beleg dafür, dass Heinrich Hoffmeier, seinen baldigen Tod vor Augen, an die Front zurückkehrte.

Am 16. September verabschiedete er sich von seiner Frau und von seiner Halbschwester Henriette. Diese hatte ihn wie jedes Mal für die lange und beschwerliche Reise mit einem großen Paket voller Butterbrote versorgt. Noch Jahrzehnte später erinnerte sich Sophie Hoffmeier, die zu diesem Zeitpunkt einen Monat vor der Niederkunft stand, daran, wie sie ihren Mann zum Bahnhof hatte gehen sehen – und damit zum letzten Mal überhaupt. Es war für Heinrich Hoffmeier im wahrsten Sinne des Wortes eine Fahrt ins Ungewisse, denn die Ostfront war in Bewegung geraten. Die deutschen Truppen mussten sich zurückziehen, und nur selten gelang es ihnen, mit Gegenstößen und unter hohen Verlusten für ein paar Stunden oder Tage eine verlorene Stellung kurzfristig zurückzuerobern. Wo genau sich seine Einheit befand, konnte Heinrich Hoffmeier nicht wissen, als er seine Frau verließ. Sein erstes Ziel war der russische Flugplatz Roslawl, in diesen Tagen noch in scheinbar sicherer Entfernung hinter der Front gelegen.

Von einer „großzügigen Frontbegradigung in der Abwehrschlacht" sprach das Oberkommando der Wehrmacht am folgenden Tag und davon, dass die Sowjets nirgends operative Erfolge hätten erringen können:

> In der Abwehrschlacht, die seit über zwei Monaten im Osten tobt, ist es den Sowjets trotz ihrer großen zahlenmäßigen Überlegenheit nirgends gelungen, unsere Front zu zerreißen und zu operativen Erfolgen zu kommen. Wo unsere Truppen Gelände aufgegeben haben, geschah dies immer planmäßig in voller Ordnung und unter Wahrung des Zusammenhalts der Front.

Russland den 18.7.43.

Ihr lieben Alle!

Wir sollten hier in Russland gelandet. Vor allen Dingen recht gut. Die Fahrt ging gestern ja recht langweilig; das letzte Stück. denn dieser ...

[handschriftlicher Text, größtenteils unleserlich]

Im Süd- und Mittelabschnitt der Ostfront, wo der Schwerpunkt der feindlichen Angriffe liegt, ist eine großzügige Frontbegradigung im Gange, durch die neue Reserven gewonnen wurden. Im Rahmen dieser Absetzbewegungen wurden die Städte Noworossijak und Brjansk nach restloser Zerstörung aller wichtigen Anlagen planmäßig geräumt. Westlich Jelnja und südlich Belyj wurden Angriffe starker sowjetischer Kräfte unter für den Feind schweren Menschen- und besonders hohen Panzerverlusten abgeschlagen, einzelne Einbrüche abgeriegelt. (17. September)

Neben den ständig angreifenden sowjetischen Truppen machte den deutschen Soldaten besonders auch das schlechte Wetter zu schaffen.

Im Südabschnitt der Ostfront beeinträchtigen die seit Tagen anhaltenden starken Regenfälle die Kampfhandlungen. Der Feind versuchte vergeblich, in die Absetzbewegungen unserer Truppen hineinzustoßen. Er wurde in erbitterten Kämpfen abgeschlagen. (18. September)

In dieses Chaos hinein wurde Heinrich Hoffmeier also, nachdem er seinen Heimaturlaub beendet hatte, mit der Luftwaffe auf den Flugplatz von Roslawl geflogen. Diese Stadt, das Tor zu dem strategisch wichtigen „Jelna-Bogen", war am 5. August 1941 eingekesselt und zwei Tage später von deutschen Truppen eingenommen worden. Hier befanden sich unter anderem ein großes Feldlazarett sowie ein wichtiger Stützpunkt der Luftwaffe. Angriffe gegen die sowjetischen Städte und Truppen wurden von Roslawl aus geflogen. Zugleich aber war der Stützpunkt für zahllose deutsche Soldaten eine wichtige Zwischenstation auf dem Weg in die Heimat beziehungsweise zurück an die Front.

Vom Flugplatz aus hatte Heinrich Hoffmeier die letzten Kilometer zu seiner Einheit zunächst mit der Bahn und dann mit Militärfahrzeugen zurückzulegen, was sich – nicht nur wegen der schlimmen Wetterbedingungen – einfacher anhörte, als es tatsächlich war. Da die deutschen Truppen sich angesichts der andauernden sowjetischen Angriffe immer mehr zurückziehen mussten, veränderte sich der Frontverlauf und damit auch der Standort der Truppen ständig. Entsprechend lange dauerte es in dem Wirrwarr, bis Heinrich Hoffmeier seine Einheit überhaupt gefunden hatte.

Am 18. September meldete er sich brieflich bei seinen Angehörigen, und was er schilderte, unterschied sich ganz wesentlich von den offiziellen Darstellungen. Der Rückzug, die so genannte „Frontbegradigung", fand durchaus nicht in „voller Ordnung" statt, und zerstört wurden keineswegs nur wichtige militärische Anlagen. Auch und wieder einmal war es vor allem die Zivilbevölkerung, die zu leiden hatte und deren Häuser und übriges Hab und Gut vernichtet wurden. Hinterlassen wurde „verbrannte Erde".

Ihr lieben Alle!

Bin soeben hier in Roslawl gelandet. Die Fahrt war gestern sehr langweilig auf dem letzten Stück, denn hier ist der am weitesten entfernte Bahnhof, und der wird morgen aufgegeben. Die Räumung ist in vollem Gange. – Die Zivilisten aus Itmolensk – Russland – haben gestern ihr Haus verlassen müssen. Die Häuser standen dort schon in hellen Flammen, und alles war vernichtet. Wenn man so sieht, was hier umkommt – ich habe noch einige Päckchen Tabak eingesteckt. Wenn ich sie abschicken kann, werde ich das tun.

Wo unsere Truppen liegen, weiß ich bis heute auch noch nicht, wir werden von einer Frontleitstelle zur anderen geschickt. Bestellt Sophie schöne Grüße von ihrem Mann. Ich kann nicht so viel schreiben. Ich weiß noch gar nicht, wie ich die Post versenden kann, hier ist ein großes Durcheinander.

Als Nachsatz fügte er noch hinzu:

Wenn Euch dieser Brief erreicht, wird der Russe hier sein.

Gleichfalls am 18. September hieß es aus dem „Führerhauptquartier", seit Tagen anhaltende starke Regenfälle beeinträchtigten die Kampfhandlungen. Vergeblich versuche der Feind, in die Absetzbewegungen der eigenen Truppen hineinzustoßen, er sei in erbitterten Kämpfen abgeschlagen worden. Dem war zweifellos nicht so, wie aus den Meldungen der folgenden Tage hervorging.

Gegen unsere Front vom Asow-Meer bis nördlich Smolensk führte der Feind heftige Angriffe, die von unseren Truppen zusammen mit starken Verbänden der Luftwaffe abgeschlagen oder aufgefangen wurden. Dabei gelang es, mehrere durchgestoßene feindliche Kampfgruppen durch sofort angesetzte Gegenangriffe zu vernichten. (20. September)

Die Absetzbewegungen unserer Truppen nehmen trotz der heftigen sowjetischen Angriffe, die besonders in der Mitte der Ostfront an Stärke noch zunehmen, den vorgesehenen Verlauf. Die Stadt Poltawa wurde nach Zerstörung der kriegswichtigen Einrichtungen befehlsgemäß aufgegeben. Ostwärts des mittleren Dnjepr, zwischen Tscherkassy und Tschernigow, drängt der Feind mit starken Kräften den eigenen Absetzbewegungen nach. Schwere Kämpfe sind dort im Gange. (23. September)

1. 10. Deutsche Truppen räumen Neapel
13. 10. Kriegserklärung Italiens an das Deutsche Reich

… dann sind wir Weihnachten an der Grenze

Was es bedeutete, dass die sowjetischen Truppen den deutschen „nachsetzten", ist Heinrich Hoffmeiers Brief vom 3. Oktober zu entnehmen. So hatte es beispielsweise – wie schon erwähnt – in dem allgemeinen Chaos nach der Rückkehr aus seinem Heimaturlaub Tage gedauert, bis er überhaupt wieder bei seiner Kompanie angelangt war:

Ich kann Euch jetzt mitteilen, dass ich meine Kompanie wieder gefunden habe. Das war mit sehr viel Lauferei verbunden, aber es gibt nichts Besseres, als wieder beim alten Haufen zu sein. [...] Als ich bei der Kompanie ankam, wurde mir die Neuigkeit mitgeteilt, dass ich rückwirkend vom 1. 8. 43 zum Unteroffizier befördert worden bin. Auch in der Kompanie hat es gewaltige Veränderungen gegeben. Ich hatte auch vor, so weit zu kommen. Wenn mir nun etwas passieren sollte, steht Sophie ganz gut da. Auch wenn ich verwundet werden sollte, würde sich das in der Unterstützung auswirken. Ich hoffe aber, dass ich weiterhin so viel Glück habe wie bisher, dann komme ich wohl gesund heim.

Im Weiteren beschrieb Heinrich Hoffmeier die Situation an seinem Kriegsschauplatz – wie immer in einer klaren, schnörkellosen Sprache. Wie so oft riskierte er damit ein Kriegsgerichtsverfahren. Doch ganz offensichtlich ließ er sich den Mund nicht verbieten, in seinen Briefen nach Hause schon gar nicht.

Die Post ist sehr schwierig von hier zu versenden, es geht keine raus, und wir bekommen auch keine. Es ist hier so ein unvorstellbares Durcheinander. Am ersten Tag meiner Rückkehr mussten wir uns zurückziehen, und jeden Tag ein Stück mehr. Zur Zeit liegen wir etwa 50 km hinter der Front, wobei man von einer Front gar nicht sprechen kann, eher von einem Stützpunkt. Wo wir hier liegen, ist es ganz ruhig. Mal sehen, wie lange noch. Durch die Partisanen ist es hier sehr gefährlich. Ich will Euch mitteilen, wie weit wir zurückgegangen sind. Wir liegen jetzt ein paar Kilometer vor

Propoisk, am Fluss Jost [gemeint ist der Fluss Ssosh, d. Hg.]. *Wenn wir weiter so zurückweichen müssen, sind wir Weihnachten an der Grenze.*

Nach dieser Schilderung äußerte er, als säße er nicht mitten im schlimmsten Kriegsgeschehen, nahezu beiläufig die ganz profane Bitte: *Mir fällt gerade ein, dass Sophie noch einen Uhrschlüssel hat, den könnte sie mir bitte im Brief mitschicken.*

Den wenigen deutschen Soldaten, die sich aus diesem Schlachtfeld hatten retten können, ist gerade der in dem Brief genannte Name Propoisk in fürchterlicher Erinnerung. In der zweiten Septemberhälfte hatten sich dezimierte, aber noch immer starke deutsche Einheiten, unter anderem drei Artillerie-Regimenter, über Roslawl nach Rogatschew und dann in die Ssosh-Abwehrstellung südlich von Propoisk zurückziehen müssen. Anfang Oktober hatten sie in schweren Kämpfen einen sowjetischen Vorstoß zum Stehen bringen und einen Brückenkopf abriegeln können.

Mit keinem Wort erwähnte Heinrich Hoffmeier übrigens in einem seiner Briefe, dass er irgendwann in dieser Zeit die Nahkampfspange in Gold erhalten hatte. Dies hatte er lediglich in Gesprächen mit seiner Halbschwester Henriette während des Heimaturlaubes getan. Dabei mag man sich heute kaum mehr vorstellen, was ein Soldat hatte vorweisen müssen, um diese „Auszeichnung" zu bekommen: Er musste für diese Stufe der Spange mindestens fünfzig Tage mit blanker Waffe oder bloßen Händen Mann gegen Mann gekämpft haben und – wie es damals martialisch geheißen hatte – das „Weiße in den Augen des Gegners" gesehen haben. Und nicht einmal andeutungsweise berichtete Heinrich Hoffmeier davon, dass er in einem so genannten Panzerloch überlebt hatte. Diese Panzerlöcher dienten vor allem einem Zweck. Sie hatten eine schmale, getarnte Einstiegsöffnung und waren groß genug für einen Mann. In diesen Löchern versteckt und „unsichtbar", warteten die Soldaten auf feindliche Panzer. Wenn sich diese über ihnen befanden, hefteten

Rußland den 3. 10. 43.

Ihr lieben Alle!

Kann Euch jetzt auch mitteilen, das ich
meine Kompanie wieder gefunden hab.
Hab ja allerlei Raucherei gehabt. Es geht
nichts lehnen, das mann kein alten
Rauchen bei ist. Es geht mir zur Zeit
ganz gut. Hoffentlich geht es Euch alle
auch noch recht gut. Ob ich bei die
Kompanie aufkam, werden wir erst
die neuigkeiten mitgeteilt. Das ist
mit rückwirkung vom 1.8.43. zum
Uffz. befördert bei. Auch in der Kompanie sind gewaltige veränderungen
getroffen. Das war auch mein vorhaben
das ist reinet Hans. Wenn mir nun
was passieren sollte, dann steht Sophie
auch auch ganz so schlecht dabei. Aber
ich solle verkündet werden, das macht
in der Uhzeit auch ganz halt zu viel aus.
Uffze aber das ich wieder ihn so ein Glück
habe, wie ich bisher gehabt habe. Dann

98

Komme ich noch [...] wieder [...]. Mit der
Post war [...] [...] unerträglich. Sie war
[...] [...] zu kriegen. Von [...] ging keine
und kaum auch keine. Denn es ist [...] ja
auch so ein Durcheinander, [...] kann [...]
keine vorstellen. Denn ersten Abend
wie ich [...] an kam ging es zurück.
Und [...] jeden Tag. Zur Zeit liegen wir
etwa 50 km hinter der Front. Front kann
[...] gesprochen werden, nur Stützpunkte.
Wo wir hier liegen ist es ganz ruhig.
Soll mal [...] wie lange noch.
Hier ist es geschildert von Petiranova.
Jetzt will ich dir mitteilen wie weit
wir zurück gegangen sind. Wir liegen
jetzt paar km vor Propoisk an dem
Fluss, Sosh. Wenn wir so um zurück
gehen bleiben dann sind wir auf
Weihnachten an der Grenze. Denke
[...] kaum. Sofern hat [...] [...] ein
[...] [...] gelassen [...] Dann kann ich
wir wohl mitteilen, im Brief.
Meine Grüße an Frau [...].
Mit freundlichen Gruß [...].

99

sie Minen an die Panzerwannen und brachten sie zur Explosion. Die Soldaten zogen sich blitzschnell in das sich nach unten weitende Innere der Panzerlöcher zurück und konnten so überleben. Allerdings gingen die Panzerfahrer, wenn sie derartige Löcher entdeckten, mit der Zeit dazu über, exakt mit den Ketten darüber zu fahren und dann den stählernen Koloss auf der Stelle zu drehen. Auf diese Weise brachten sie in der Regel diese Löcher zum Einsturz, was kaum ein Soldat, der sich in der Erdhöhle befand, überleben konnte. Wenn Panzerlöcher gegraben wurden, war dies im Übrigen ein deutlicher Hinweis darauf, dass die sowjetischen Truppen in diesem Frontabschnitt besonders massiert auftraten. Denn es hätte in der Weite Russlands wenig Sinn gemacht, aufs Geratewohl Panzerlöcher anzulegen und darauf zu warten, dass „zufällig" ein Panzerkoloss exakt diesen Punkt überfahren würde.

In zähem Aushalten ruhmvoll bewährt

Der Rückzug der deutschen Truppen war nicht mehr aufzuhalten. Entsprechend klangen die Berichte des OKW – aus deutscher Sicht – jeden Tag düsterer.

Von der gesamten Ostfront wird lebhafte örtliche Kampftätigkeit gemeldet, die in einigen Abschnitten zu größerer Stärke anschwoll. Im Kampfraum südlich Welikije Luki wurde auch gestern erbittert gekämpft. Die Sowjets versuchten mit Schlachtfliegerunterstützung, einen am Vortage erzielten örtlichen Einbruch zu erweitern. Deutsche Gegenmaßnahmen sind eingeleitet. Die 7. Panzerdivision unter dem Kommando des Generalmajors von Manteuffel hat sich in den Kämpfen am mittleren Dnjepr in schneidigen Angriffen und zähem Aushalten ruhmvoll bewährt. (8. Oktober)
Auch am mittleren Dnjepr, im Raum südlich Gomel und im Kampfgebiet westlich Smolensk wurden alle Angriffe der Sowjets abgewiesen. Die schweren Kämpfe im Einbruchsraum südwestlich Welikije Luki halten unvermindert an. (11. Oktober)
An der Pripjet-Mündung und südlich Gomel eroberten Panzertruppen und Grenadiere in schwungvollen Gegenangriffen mehrere in den Vortagen verlorengegangene Ortschaften zurück. Nördlich Gomel und westlich Smolensk unternahmen die Sowjets mit zusammengefassten Kräften neue Durchbruchsversuche. In erbittertem Ringen erzielten unsere Truppen dort wieder einen vollen Abwehrerfolg. Von der übrigen Ostfront, besonders aus den Abschnitten nördlich des Asowschen Meeres und südwestlich Welikije Luki, wird lebhafte Kampftätigkeit gemeldet. (13. Oktober)

Selbst in dem Durcheinander des Rückzuges funktionierte die Feldpost, denn schon am 14. Oktober hatte Heinrich Hoffmeier seinen erbetenen Uhrschlüssel in den Händen:

Habe gestern Euren Brief vom 3.10. dankend erhalten. Es freut mich sehr, dass Ihr noch alle gesund seid. [...] Hoffentlich übersteht Sophie alles gut. Wenn ich da nur erst gute Nachrichten bekomme. In Eurem Brief war auch der Uhrschlüssel drin.

Heinrich Hoffmeier sorgte sich weniger um sich selbst als um seine hochschwangere Frau und um seinen Neffen Willi:

Willi kann noch von Glück sagen, dass er dorthin kommt. Das ist 90 % besser, als wenn er nach Russland käme. Ich gönne es Wilhelm sehr, wenn er frei kommt. Es sind ja noch viel jüngere als er zu Hause. Bestellt einen schönen Gruß von mir. Wir hoffen alle, dass es sich nächstes Frühjahr entscheiden wird, wann der Krieg zu Ende ist.

Der Hinweis, dass Willi „dorthin" kam, bezog sich darauf, dass dieser nicht – wie lange Zeit befürchtet – an die Ostfront eingezogen wurde, sondern in Norwegen für die Versorgung der dort eingesetzten deutschen Truppen zuständig wurde. Er überlebte und fand nach dem Krieg eine Anstellung im öffentlichen Dienst Nordrhein-Westfalens.

Die Abwehrkämpfe an der Ostfront, das ständige, unaufhaltsame Vorrücken der sowjetischen Verbände nahmen in den Meldungen des OKW einen immer größeren Raum ein. Trotz aller semantischen Bemühungen musste nun auch jedem Leser im „Reich" klar geworden sein, dass dieser Krieg verloren war, zumal die westlichen Alliierten immer häufiger Städte in Deutschland aus der Luft angriffen und sie mit Bombenteppichen belegten. Doch noch wollte die militärische Führung in Berlin die unabwendbare Niederlage nicht eingestehen.

An der Ostfront dehnten die Sowjets ihre Angriffe auf weitere Frontabschnitte aus. Zwischen Asowschen Meer und Saporoshje trat der Feind nach heftiger Feuervorbereitung erneut zum Angriff an, wurde jedoch unter hohen Verlusten im Wesentlichen abgeschlagen. Die Kämpfe sind noch im Gange. Im Kampfraum südlich Krementschug versuchten die Sowjets auch gestern, ihren Einbruch nach den Seiten zu erweitern. In den schweren, noch andauernden Kämpfen wurde eine durchgebrochene feindliche Panzergruppe vernichtet. Auch in der Dnjepr-Schleife südlich Kiew verliefen feindliche Angriffe trotz starken Kräfteeinsatzes bis auf einen inzwischen abgeriegelten Einbruch ergebnislos. Nördlich Kiew wurde durch ein eigenes Angriffsunternehmen ein wichtiger Flussabschnitt erreicht und vom Feinde gesäubert. Nordwestlich Tschernigow fingen unsere Truppen die immer wiederholten Durchbruchsangriffe der Sowjets in erbitterten Kämpfen auf. Auch westlich Smolensk nahm die Kampftätigkeit wieder zu. Beiderseits der Autobahn mit starker Artillerie- und Schlachtfliegerunterstützung auf schmaler Front angreifender Feind wurde abgewiesen. Ein Landungsunternehmen der Sowjets, das mit schwachen Kräften an der Ostküste der Krim unternommen wurde, scheiterte. Von der übrigen Ostfront wurden erfolglose feindliche Übersetzversuche über den Wolchow und die Newa und ein erfolgreiches eigenes Angriffsunternehmen südwestlich Welikije Luki gemeldet. (22. Oktober)

Wenn das Oberkommando der Wehrmacht von der „Autobahn" sprach, dann war hiermit eine der wenigen asphaltierten Überlandstraßen gemeint, die sich über Hunderte von Kilometer hinzog, als Aufmarschstrecke diente und vor allem für den Transport des Nachschubs ungeheure Bedeutung hatte. Entsprechend hart umkämpft war sie. In der Landsersprache war diese „Autobahn" von Smolensk nach Moskau nur unter dem Begriff „Rollbahn" bekannt und ist nach dem Krieg in einem deutschen Roman glorifiziert worden.

Nr 186
Sonntag
1. August 1943

10 Pfennig
Auswärts 15 Pf.

der Angriff

Reichsausgabe

Tageszeitung der Deutschen Arbeitsfront

Landesverlag der NSDAP., Franz Eher Nachf. GmbH., Bezirksbetriebsunion Berlin, Berlin SW 68, Zimmerstr. 88, Fernspr. Sammel-Nr. 11 50 75

Neue schwere Sowjetangriffe im Orelbogen gescheitert

In 2 Tagen der Abwehrschlacht 148 Sowjetpanzer zerstört

Abwehrerfolg in Sizilien

U-Boote versenkten 3 Schiffe mit 15 000 BRT.

Aus dem Führerhauptquartier, 31. Juli.

Realisten

Von Dr. Robert Ley

Wenn Ihr Speck kriegen könnt, schickt ihn mir

Von all den Schwierigkeiten, in denen die deutschen Truppen und damit auch er steckten, erwähnte Heinrich Hoffmeier in seinem nächsten Brief, datiert vom 23. Oktober, nichts. Stattdessen beschäftigten ihn die durchaus naheliegenden Fragen, ob er inzwischen zum zweiten Mal Vater geworden war, das Befinden seiner Frau und die anstehende Taufe.

Ich will Euch heute ein paar Zeilen schreiben. Hoffentlich geht es Euch allen noch recht gut, mir geht es zur Zeit auch sehr gut. Das Wetter ist hier noch sehr gut für diese Jahreszeit. In der letzten Zeit habe ich gar keine Post von Sophie bekommen. Sie ist momentan sicher nicht in der Lage zu schreiben. Man wartet von einem zum anderen Tag, wie die Sache [Schwangerschaft und Geburt, d. Hg.] *verlaufen ist und dass man weiß, woran man ist.*

Mit der Taufe solle man im Übrigen warten, bis er wieder zu Hause sei: *Wenn Ihr Euch über irgend etwas nicht im Klaren seid, dann fragt doch bitte mich, da Ihr nicht so häufig zu Sophie kommt.*

Sollte es sein, dass die in Twiehausen [gemeint waren damit die Eltern seiner Frau, d. Hg.] *die Kindstaufe ausrichten wollen, so ist das nicht mein Wunsch. Die Taufe kann gefeiert werden, wenn ich wieder zu Hause bin. Die machen das dort nur, um die Leute zu beeindrucken.*

Mit den beiden letzten Sätzen bezog er sich darauf, dass es ein zu dieser Zeit bereits längeres Zerwürfnis zwischen seiner Frau und ihm und Sophies Eltern gegeben hatte, was ihn auch an der Front in hohem Maße beschäftigte und zusätzlich belastete.

Schließlich fügte Heinrich Hoffmeier auf dem eng beschriebenen Brief, auf dem er wegen der Papierknappheit jedes auch noch so kleine freie Fleckchen ausnutzte, in seinem immer wieder sporadisch aufflackernden Optimismus und in dem ihn stets kennzeichnenden Pragmatismus einige Wünsche an:

Wir haben auch seit langer Zeit wieder Luftpost- und Paket-marken bekommen. Ich lege Luftpostmarken und eine Paketmarke bei. Heute oder morgen schicke ich auch Rauchwaren ab. Wenn Ihr dafür ein Stück Speck kriegen könnt, schickt es mir. Ich lege heute 5 Mark für einen Füllhalter bei, und das nächste Mal wieder 5 Mark, da es mit einem mal zu viel wäre. Ebenso ein paar Bilder, damit ich die hier los bin. Es klappt vorläufig nicht, Päckchen an Sophie zu schicken.

Auch wenn Heinrich Hoffmeier zwar noch um einen Füllhalter bat, begann er auf der anderen Seite bereits – ob bewusst oder unbewusst – seinen Nachlass zu ordnen: Er trennte sich zunächst von Fotos, die ihm in schweren Stunden an der Front viel bedeutet haben werden und die im Falle seines Todes nicht verloren gehen sollten.

Am Kubanbrückenkopf in 12 Tagen 159 Panzer zerstört

PK. berichtet: Die große Luftschlacht über Orel

Der Bericht des OKW.

Heldenmütiger Widerstand südlich Tunis

Unsere Soldaten als Vorbild

Große Sammelergebnisse unserer Fronteinheiten

Was die mit uns vorhaben, bleibt abzuwarten

Täglich musste die Heeresführung sowjetische Erfolge einräumen und sprach immer häufiger von „besonders erbitterten Kämpfen" in der „großen Abwehrschlacht im Süd- und Mittelabschnitt der Ostfront".

Im Süden der Ostfront steigerten sich gestern die Kämpfe im Abschnitt von Melitopol und südlich Saporoshje zu besonderer Heftigkeit. In erbittertem Ringen wurden wiederholt vorgetragene feindliche Angriffe aufgefangen und einige Einbrüche abgeriegelt. Auch im Djneprknie wird weiterhin schwer gekämpft. Unsere Truppen räumten nach Zerstörung kriegswichtiger Einrichtungen die Stadt Dnjepropetrowsk. Gegen Kriwoi Rog führten die Sowjets neue Kräfte zum Angriff vor. Nördlich der Stadt gingen die seit Tagen andauernden Kämpfe auch gestern pausenlos weiter. Auch an den Abrieglungsfronten des Einbruchsraumes blieben zahlreiche Angriffe des Feindes erfolglos. Aus einem Brückenkopf nordwestlich Krementschug griffen die Sowjets mit starken Kräften an, wurden jedoch im Gegenangriff zurückgedrängt. Südöstlich und nördlich Kiew sowie nordwestlich Tschernigow kam es stellenweise zu heftigen Kämpfen, in denen die Sowjets überall abgewiesen wurden. (26. Oktober)

Für Heinrich Hoffmeier war es in diesen Wochen das Wichtigste, endlich von seiner Frau und seinem zweiten Kind zu hören. Am 20. Oktober erfuhr er, dass „ein kleiner Junge auf der Welt ist", und zeigte sich erleichtert und überglücklich. Mit allen Fasern war er zu Hause, wie aus jedem Wort seines Briefes vom 3. November hervorgeht:

Ihr lieben Alle!

Nach langem Warten habe ich vor einigen Tagen die glückliche Nachricht aus Twiehausen bekommen, dass ein kleiner Junge auf der Welt ist. Das war für mich eine richtige Erleichterung. Es hätte ein Mädel werden sollen, aber das ist egal. Die Hauptsache ist, dass der Junge gesund ist und vor allem, dass sich Sophie bald wieder gut erholt hat. Sie hat so viel ausstehen müssen. Das wird auch das letzte Mal gewesen sein, zwei Kinder sind genug.

Gestern habe ich euren Brief vom 23. 10. 43 dankend erhalten. Der Brief hat mir besonders Freude gemacht, so konnte ich alles erfahren, was ich wissen wollte. Nun bin ich sehr beruhigt, dass alles in Ordnung geht, denn auf die Twiehausener kann ich mich nicht verlassen. Ich hatte nach Twiehausen geschrieben, dass sie mir sobald als möglich die Geburtsurkunde schicken, da ich sie zwecks Einreichung an die Kompanie benötige.

Ich bin Euch sehr dankbar für die Mühe, die Ihr Euch unseretwegen macht. Ich habe den einen Wunsch, liebe Schwester, dass Du mir weitestgehend alles mitteilst, da ich aus Twiehausen nichts erfahre. Sophie erfährt auch nicht viel und hat nicht die Möglichkeit, viel zu schreiben.

Dass unser Gerhard so guter Dinge ist, freut mich auch sehr. Er hat doch sicher seine Mama in der Zeit sehr vermisst. Was sagt denn die Oma [seine Schwiegermutter, d. Hg.] *dazu?*

Gestern bekam ich einen Brief von Sophie, in dem sie sich freute, dass sie eine so gute Schwägerin hat und dass Du und Fritz am Sonntag bei ihr gewesen seid. Sie hätte sich so darüber gefreut, dass ihr die Tränen gekommen sind und dass ihr mehr für sie tut, als ihre eigenen Eltern. War denn bis jetzt aus Twiehausen noch keiner bei ihr? Und Oma hätte sich über Dich negativ ausgelassen. Teile mir doch bitte etwas darüber mit, ich bin daran sehr interessiert.

Vielen Dank an Frau Priess für ihre Bemühungen, Sophie hat mich darüber informiert.

Seid alle vielmals gegrüßt von Heinrich.

In einem Nachsatz ergänzte er:

Wir haben Paketmarken bekommen, die sind auch für Weihnachten. Ich will die Sophie nicht alle hinschicken, sonst meint sie, sie müsste mir etwas schicken, und wenn es ihr nicht möglich ist, hat sie ein schlechtes Gewissen. Nach Twiehausen schicke ich sie nicht, sondern zu Euch. Lasst sie aber liegen, bis Sophie wieder genesen ist. Kommt nun aber nicht auf die Idee, und schickt mir etwas auf die Marken. Das will ich auf keinen Fall. Hier gehen die Marken zu schnell verloren.

Es braucht nicht viel Phantasie, um zu spüren, wie sehr Heinrich Hoffmeier das Zerwürfnis zwischen seiner Frau und ihren Eltern bedrückte, wie sehr er darunter litt und wie sehr es seine Gedanken ablenkte. Offensichtlich hatte er zu diesem Zeitpunkt darauf gehofft, doch noch einmal einen Heimaturlaub antreten zu können, und bat deshalb um die Geburtsurkunde für seinen zweiten Sohn Günter – eine Hoffnung, die sich nicht erfüllte.

Schon vier Tage später folgte der nächste Brief, in dem Heinrich Hoffmeier zunächst nach einem Taschenmesser fragte und dann auf den Kriegsverlauf einging:

Ihr werdet sicher meinen letzten Brief vom 3. 11. schon erhalten haben. Ich hatte allerdings vergessen, darum zu bitten, ob Ihr mir nicht ein Taschenmesser mit allen Schikanen besorgen könnt, denn meines ist mir verloren gegangen. Hoffentlich geht es Euch allen noch recht gut. Mir geht es zur Zeit auch sehr gut. Ich habe vor ein paar Tagen ein Päckchen mit Rauchwaren an Euch abgeschickt, hoffentlich kommen sie auch alle an.

Wir sind dieser Tage auch von unserer alten Stellung abgezogen und über 200 Kilometer weiter nördlich gekommen. Was die mit uns weiter vorhaben, bleibt abzuwarten. Wir liegen jetzt ein paar Kilometer vor Orscha. Hier erwartet man einen Großangriff der Russen. Wir liegen zur Zeit etwa noch 50 km hinter der Front. Sonst nichts Neues.

Mit dem Namen Orscha wird Heinrich Hoffmeiers Halbschwester Henriette wenig anzufangen gewusst haben, und doch nahm die weißrussische Stadt eine wichtige Rolle im

Krieg an der Ostfront ein. Nachdem die Rote Armee im Sommer 1943 mit mehr als dreißig Schützen- und Panzerdivisionen zur Offensive angetreten war, hatte sich die deutsche Heeresgruppe Mitte bis Oktober auf die Linie Orscha – Witebsk zurückziehen müssen. Die im Juli 1941 von den Deutschen eroberte Stadt Witebsk am Zusammenfluss von Düna und Witba mit 167.000 Einwohnern war im Winter 1943/44 Schauplatz heftiger Kämpfe, die am 13. Dezember mit besonderer Erbitterung geführt wurden. Am 23. Juni 1944 schloss die Rote Armee 35.000 deutsche Soldaten in Witebsk ein, deren Ausbruchsversuch in einer Katastrophe endete. Die Überlebenden starben dann zum größten Teil in den Gefangenenlagern von Witebsk, ebenso wie nach der Eroberung Orschas, wo die sowjetische Seite 1944 in der Stadt riesige Kriegsgefangenenlager zunächst für deutsche Soldaten aus dem Mittelabschnitt eingerichtet hatte, später aus allen Frontabschnitten.

Der von Heinrich Hoffmeier befürchtete Großangriff hatte sich schon seit einiger Zeit angedeutet und ließ nun nicht mehr lange auf sich warten, wie das Oberkommando der Wehrmacht einräumen musste:

Im Kampfraum von Welikije Luki setzte der Feind auch gestern seine zum Teil von Panzern unterstützten heftigen Angriffe fort. In einigen Einbruchsstellen wird gekämpft. (4. November)
Auch in dem unübersichtlichen Gelände südwestlich Welikije Luki dauern die heftigen Kämpfe an, bei denen 32 Sowjetpanzer vernichtet wurden. (5. November)
Im Kampfraum von Welikije Luki wurden starke feindliche Angriffe südlich und westlich Newel mit wirksamer Unterstützung der Luftwaffe abgewiesen. (6. November)

In dem unübersichtlichen Seen- und Sumpfgelände des Einbruchsraumes von Newel stehen unsere eigenen

110

Kampfgruppen im Abwehrkampf gegen stärkere feindliche Kräfte. Versuche der Sowjets, den Einbruchsraum nach den Seiten zu erweitern, scheiterten. Aus den übrigen Abschnitten der mittleren und nördlichen Ostfront wird auch gestern nur örtliche Späh- und Stoßtrupptätigkeit berichtet. (8. November)

Im Einbruchsraum von Newel warf ein eigener, vom Süden angesetzter Gegenangriff den Feind trotz heftigen Widerstandes aus mehreren starken Stellungen. Westlich und nordöstlich der Stadt griffen Sowjets zum Teil mit neu herangeführten Kräften an. Sie wurden in heftigen Kämpfen aufgefangen oder blutig abgewehrt. (9. November)

Im Raum von Newel versuchte der Feind vergeblich, unsere Abriegelungsfronten in der Tiefe des Einbruchsraumes einzudrücken. Eigene Gegenangriffe südlich der Stadt hatten nach schweren und wechselvollen Kämpfen Erfolg. (11. November)

Bei Newel versuchte der Feind gestern wiederum vergeblich, seinen Einbruchsraum zu erweitern. Durch eigene Gegenangriffe wurden wenige in dem unübersichtlichen Gelände vorgestoßene feindliche Abteilungen wieder zurückgeworfen. (13. November)

Ihr braucht Sophie nichts davon zu erzählen

Obwohl Heinrich Hoffmeier nun nahezu ununterbrochenen Angriffen der sowjetischen Truppen ausgesetzt war, fand er am 14. November in einer Kampfpause noch die Zeit für einen etwas längeren Brief. Er selbst schrieb davon, er sei „etwas aufgeregt". Wenn man seine Zeilen heute betrachtet, dann ist eindeutig aus Schriftbild und Inhalt herauszulesen: Heinrich Hoffmeier war zu diesem Zeitpunkt von seinem baldigen Tod innerlich fest überzeugt. Und gerade dieser Brief ist ein besonderes Dokument, das den Irrsinn eines jeden Krieges belegt, den – auf allen Seiten – nicht die Verantwortlichen, sondern immer wieder Unschuldige auszutragen haben.

Ihr lieben Alle!

Seitdem ich Euch den letzten Brief geschrieben habe, ist schon eine Weile vergangen. Vor allen Dingen hat sich schon wieder viel bei uns geändert. Wir sind seitdem erst auf Autos, dann auf den Zug und dann wieder auf Autos verladen worden; wir wussten selbst nicht mehr, wo wir waren. Bis auf einen guten Morgen, an dem wir zum Angriff gingen. So geht es nun schon Tag für Tag. Viele, viele haben schon ihr Leben dabei verloren und die anderen sind Krüppel.

Wir treiben einen Keil vor und wollen den Russen einkesseln, ich bin dabei. Wir bekommen von drei Seiten Feuer. Hoffentlich glückt es den Russen nicht, dass die uns abschneiden, und wir sind eingekesselt.

Man lebt hier wie ein Wilder im Erdloch, das wissen meine Frau und Kinder gar nicht. Wie es denen wohl geht? Bei diesem Hin und Her haben wir schon seit Wochen keine Post mehr bekommen.

Ich will Euch kurz mitteilen, in welcher Gegend wir jetzt sind. Wir liegen ein paar km südwestlich von Newel, in der Nähe von Welikije Luki. Die Stadt Newel hat der Russe inne.

Kommt von hier Post an? Könnt Ihr mir nicht ein wenig Schreibpapier schicken? Ich habe noch einen Briefbogen und ein paar Postkarten.

Hoffentlich geht es Euch allen noch recht gut. Bislang geht es mir auch noch ganz gut. Die Granaten schlagen rechts und links ein, so dass die Erde bebt. Trotzdem wollen wir nicht weich werden, so lange sie einen nicht treffen, tut es einem nicht weh. Wo ich geh' und steh' klammern sich die Jungs an mich, als wenn ich ihr Leben schützen könnte.

Inzwischen ist es hier Winter geworden, den ersten Schnee haben wir vor einigen Tagen bekommen. Hoffentlich könnt Ihr auch lesen, was ich schreibe, da ich etwas aufgeregt bin.

Bleibt alle gesund und munter.

Ihr braucht Sophie nichts davon zu erzählen, ich habe Euch das nur mitgeteilt, damit Ihr es wisst.

Schönen Gruß an Frau Priess.

Mit freundlichem Gruß

Heinrich

Erstmals sprach aus einem der Briefe Heinrich Hoffmeiers und nicht zuletzt auch aus seiner zittrigen Schrift endgültige Mutlosigkeit und Angst. Unverhohlene Angst um seine Familie und eine horrende Angst um sich selbst. Es gelang ihm nicht mehr, sich – wie so oft zuvor – einen gelassenen Anschein zu geben, auch wenn er mitten in seinem Schreiben um Briefpapier bat. Er konnte nicht mehr verbergen, dass er sich nicht mehr konzentrieren konnte, dass seine Gedanken zwischen Sehnsucht nach der Familie und Todesangst hin und her sprangen.

Für die heutige Generation erklärungsbedürftig ist der Hinweis, „die Jungs" klammerten sich an ihn, als wenn er ihr Leben schützen könne. Zu Beginn des Feldzuges gegen Russland betrug die durchschnittliche Zeit, die ein deutscher Soldat überlebte, etwa zwei Jahre. In dieser Phase des Krieges jedoch musste ein Soldat an der Ostfront fürchten, nicht länger als zwei Monate am Leben bleiben zu können. Die Tatsache, dass Heinrich Hoffmeier im November 1943 – so makaber sich dies anhören mag – den „statistischen Durchschnittswert" bei Weitem übertroffen hatte, schien ihn

„unsterblich" werden zu lassen. Dieses Empfinden hatten vor allem jene Soldaten, die nach nur kurzer Ausbildung immer wieder die Gefallenen seiner Kompanie zu ersetzen hatten. Sich an Heinrich Hoffmeier zu halten garantierte das eigene Überleben, in seiner Nähe konnte einem nichts geschehen, war das irrationale, aber nachvollziehbare Gefühl der jungen Soldaten, die nun an der Ostfront „verheizt" wurden. Gerade ihr Sterben hatte Heinrich Hoffmeier in ganz besonderer Weise belastet und seine Gedanken auch während seines letzten Heimaturlaubes beherrscht. In Erinnerung geblieben ist seiner Nichte Irmgard ein Gespräch, bei dem er ankündigte:

Wenn ich aus dem Urlaub zurück zur Front muss und dann wieder ein Angriff kommt, werde ich mit den Jungs 'rüber gehen und wir werden uns ergeben. Ich kann das Weinen der Jungs nicht mehr ertragen. Die sind doch alle noch fast Kinder.

Diese wenigen Sätze geben einen tiefen Einblick in das Seelenleben des Heinrich Hoffmeier. Er selbst fürchtete die russische Gefangenschaft nach allen Schrecklichkeiten, von denen er gehört hatte, wobei die Wehrmachtspropaganda diese Furcht bewusst verstärkte. Dennoch wäre er bereit gewesen, sich mit den ihm anvertrauten jungen Soldaten zu ergeben, um ihnen noch größeres Leiden oder gar den Tod zu ersparen! Diesen Gedanken entspricht auch Irmgards spätere Feststellung: *Heinrich war immer nur für andere da. Er hat sich immer nur um andere gekümmert.*

Das Schicksal jedoch hatte anderes mit Heinrich Hoffmeier und seiner Kompanie vor – eine bittere Erfahrung, die er und seine Kameraden täglich machen mussten, und die sich auch aus den Meldungen des OKW nachvollziehen ließ. Die Leser und Radiohörer in der Heimat wurden mit immer neuen Ortsnamen konfrontiert, Namen von Orten, die die sowjetische Armee angriff oder schon zurückerobert hatte.

Im Raum von Kiew und Schitomir wurden einige verlorengegangene Ortschaften wieder genommen. Eine feindliche Kampfgruppe wurde zerschlagen. Unsere bei Schitomir kämpfenden Truppen wurden auf Stellungen westlich und nordwestlich der Stadt zurückgenommen. Südwestlich Gomel gelang dem Feind nach tagelangen verlustreichen Kämpfen ein Einbruch. Feindliche Kavallerie und Panzer versuchten, die Stadt Retschiza im Handstreich zu nehmen. Sie wurden zusammengeschossen. Beiderseits Gomel scheiterten zahlreiche Angriffe der Sowjets. Westlich Smolensk nahmen die Sowjets unter Einsatz von zahlreichen Schützendivisionen und starken Panzerkräften ihre Durchbruchsversuche wieder auf. In erbitterten Kämpfen wurden die in mehreren Wellen angreifenden feindlichen Kräfte abgewiesen, örtliche Einbrüche angeriegelt und allein in diesem Frontabschnitt 56 feindliche Panzer abgeschossen. Von der übrigen Ostfront werden nur noch örtliche Angriffe des Feindes im Raum von Newel gemeldet. (15. November)
Nordwestlich Smolensk und im Raum von Newel hielt der starke Druck des Feindes gegen unsere Stellungen an. (17. November)
Im Raum östlich Witebsk griffen die Sowjets mehrfach erfolglos an. Südwestlich Newel sind heftige Kämpfe mit mehreren, aus dem Einbruchsraum nach Süden und Südwesten vorstoßenden feindlichen Kampfgruppen im Gange. (18. November)
Südwestlich Newel wurden einige aus dem Einbruchsraum vorstoßende feindliche Abteilungen zum Kampf gestellt und nach harten Kämpfen zersprengt. (19. November)
Im Einbruchsraum südwestlich Newel lebhafte örtliche Kämpfe. (20. November)

Nr. 287
Sonnabend,
27. November 1943

10 Pfennig
Auswärts 15 Pf.

der Angriff

Tageszeitung der Deutschen Arbeitsfront

Zentralverlag der NSDAP., Franz Eher Nachf. GmbH., Zweigniederlassung Berlin, Berlin SW 68, Zimmerstr. 88, Postapt.-Konnrol-Nr. 71 04 57

Eichenlaub mit Schwertern

Zwei neue Träger des Eichenlaubs

Führerhauptquartier, 27. November

Osten: Harte Abwehrkämpfe und Gegenstöße

Die Luftbarbaren müssen eingestehen:

Deutsche Kampfmoral ist unerschüttert

Es wird sich wohl sehr bald entscheiden

Kampfpausen gab es nur, wenn das Wetter das Gemetzel unterbrach, und eine dieser Pausen nutzte Heinrich Hoffmeier am 23. November, um sich bei Henriette zu melden.

Ihr lieben Alle!

Da es heute wegen Schneegestöbers etwas ruhiger ist, will ich die Gelegenheit wahrnehmen und Euch ein paar Zeilen schreiben. Ich habe vor einigen Tagen das Paket mit Wurst, Butter und Speck bekommen und dazu den Brief, den Ihr mir am 4. 11. geschrieben habt. Meinen besten Dank, es schmeckte mir alles sehr gut. Es freut mich sehr, dass es Euch allen soweit noch gut geht. Bislang geht es mir auch noch ganz gut. Ich war auch richtig glücklich, als ich mal wieder Post bekam, da ich seit Wochen keine Nachricht bekommen hatte. Die meisten Sorgen hatte ich um Sophie, da ich nun nichts mehr hörte. Eine Thrombose [als Folge der Niederkunft, d. Hg.] *ist eine langwierige Krankheit, die Hauptsache ist, dass sie nichts davon zurückbehält. Der kleine Gerhard wird seine Mama in dieser Zeit sicher auch vermisst haben. Wenn Ihr mal wieder hinfahrt* [ins Krankenhaus, d. Hg.]*, dann nehmt den Gerhard doch mal mit, denn Sophie hat so ein Verlangen nach dem Jungen.*

Die aus Twiehausen verstehen ja so etwas nicht und kümmern sich auch gar nicht darum. Ich bin richtig glücklich, dass Sophie soweit alles überstanden hat, die Hauptgefahr wohl vorbei ist, und die Kinder ihre Mutter behalten. Wenn die sich in Twiehausen nicht endlich Sophie gegenüber ändern, dann kommt sie von dort weg, sie braucht sich nicht zum Narren machen zu lassen. Sie ist auf die in Twiehausen nicht angewiesen, das soll sich besonders die Oma merken. Sie wäre schon längst nicht mehr da, wenn wir eine andere Wohnung hätten. Wenn es gar nicht anders geht, soll Sophie sich besser in unserer Wohnung behelfen.

Ich habe auch den Brief vom 29. 10. 43 erhalten. Ja, das Kinderkriegen macht immer Sorgen. Wir haben nun auch genug, wir haben unseren Anteil. Es war ja auch unser Wille, zwei Kinder zu haben. Wenn nur alle gesund bleiben, dann vergisst man das alles wieder.

117

Christian Hafer [...], ist vor ein paar Wochen wieder hierher gekommen. Er war ja damals verwundet worden. Und ist es jetzt schon wieder. Schulterdurchschuss. Wir waren hier zusammen.

Man mag geteilter Auffassung darüber sein, ob es richtig ist, in einem solchen Buch mehr als sechzig Jahre nach dem Geschehen auch über die Zwistigkeiten zwischen Sophie Hoffmeier und ihren Eltern zu berichten. Um die psychische Notlage zu begreifen, in der sich ihr Mann befand – hier der tägliche Kampf ums eigene Überleben, dort die Sorge um seine Frau –, ist dies jedoch unerlässlich.

In einem zweiten, beiliegenden Brief beschrieb er dann die schreckliche Kriegswirklichkeit:

Ich habe ja bis jetzt hier immer sehr großes Glück gehabt. Hoffentlich bleibt das Glück weiterhin bei mir. Was hier los ist, brauche ich wohl nicht mehr zu erwähnen, das hört Ihr in den Nachrichten. Wo ich liege, wisst Ihr auch, ein paar km westlich von Newel.

Wie die Lage zur Zeit hier ist, weiß ich auch nicht. Ich habe bald keine gute Hoffnung mehr. Ich glaube, dass wir bald eingekesselt sind. Es wird sich wohl bald entscheiden. Wir erfahren hier nichts. Dass wir auch immer so ein Pech haben und hängen mitten im Schwerpunkt. Unsere Kompanie ist auch aufgeteilt, sie besteht nur noch aus 5 Männern. Mehr darf ich Euch nicht schreiben. So wisst Ihr, was hier los ist. Ihr müsst Sophie nichts davon sagen.

Wir waren aus Frankreich zu Dritt hier, einer davon ist jetzt auch gefallen.

Tut mir den Gefallen und schickt mir nicht alle Weihnachtspakete auf einmal. Bei so einer Front darf man nicht viel besitzen.

Schönen Gruß an Frau Priess und Willi. Er kann froh sein, dass er damals nicht hierher gekommen ist. Der Ersatz ist schon wieder um die Ecke gebracht. Das hätte ich Euch nicht schreiben können, wenn ich nicht Euer Schreibpapier hätte.

Wenn Heinrich Hoffmeier erwähnte, dass seine Kompanie aus nur noch fünf Männern bestand, dann wird die ganze Katastrophe, der sie ausgesetzt war, daraus deutlich, dass ihr einmal 250 Soldaten angehört hatten. Zudem war sie – wie erinnerlich – bereits kurz nach der Verlegung an die Ostfront im Frühjahr 1942 zum ersten Mal nahezu vollständig aufgerieben und dann wieder aufgefüllt worden. Und vom ständig neuen Ersatz lebten inzwischen auch nur mehr die Wenigsten.

Ein Füllfederhalter war ein paar Wochen zuvor für Heinrich Hoffmeier noch wichtig gewesen, und er hatte seine Halbschwester Henriette gebeten, ihm einen zu schicken. Trotz aller Wirren war der Füllfederhalter eingetroffen, doch nun war er plötzlich nutzlos. Am 30. November schickte er ihn zurück.

Ihr lieben Alle!

Hiermit schicke ich Euch ein Paket mit Rauchwaren und lege den Füllhalter bei, da ich hier doch keine Tinte bekomme. Das ist hier nur eine Belastung, das Ding bei mir mit herumzutragen. Hoffentlich kommt es nicht [kaputt, d. Hg.] *bei Euch an.*

Mit freundlichem Gruß, Heinrich

28. 11. Konferenz von Teheran; die USA, Großbritannien und die Sowjetunion vereinbaren die Errichtung einer zweiten Front in Frankreich, eine sowjetische Offensive im Osten und einigen sich über die Aufteilung Deutschlands nach Kriegsende und die Westverschiebung Polens.

3. 12. Britische Luftangriffe auf Leipzig

Wie es kommen soll, so kommt es doch

Über das Geschehen im Kampfgebiet am 4. Dezember meldete das Oberkommando der Wehrmacht lapidar:

> Westlich Newel brachten die eigenen Angriffe örtlichen Geländegewinn. Starke feindliche Gegenangriffe scheiterten.

Heinrich Hoffmeier schrieb an diesem 4. Dezember 1943, einem Sonnabend, einen weiteren Brief, der zugleich das letzte Lebenszeichen von ihm überhaupt war.

Ihr lieben Alle!

Ich will Euch heute erst mal wieder ein Brieflein schreiben. Habe Euren Brief vom 19.11. dankend erhalten. Wie ich lesen konnte, seid Ihr ja noch alle gesund und munter, und das ist die Hauptsache. Mir geht es bislang auch noch ganz gut. Ich habe von Sophie auch Post bekommen, es geht ihr jetzt auch wieder ganz gut, sie sei auf dem Weg der Besserung, und auch der kleine Günter macht sich ganz gut. Wenn Sophie nur mal erst wieder hergestellt ist und sie von alledem nichts zurückbehält, dann wird sie das schon bald wieder vergessen habe.

Die Päckchen und die Briefe, die ich abgeschickt habe, sind alle von hier weggekommen. Hoffentlich kommt jetzt auch das große Paket mit den Rauchwaren an. Du kannst ja mal bei Gelegenheit die Danksagung senden, dann weiß ich Bescheid. Euer Paket habe ich erhalten, das erwähnte ich bereits.

Wegen Willi macht Euch keine unnötigen Sorgen. Dass Ihr von ihm noch keine Nachricht habt, ist mir verständlich. Ihr müsst rechnen, wie lange die Fahrt zu seinem Einsatzort dauert, und dann diese Zeit noch einmal gerechnet, da kommen schnell 5 – 6 Wochen zusammen. Unser Ersatz bekommt meistens auch 6 – 8 Wochen keine Post.

Wir liegen auch immer noch auf verlorenem Posten und wissen nicht, ob wir den Russen eingekesselt haben oder die uns.

Winter an der Ostfront.

Wir machen uns darüber keine Sorgen. Wie es kommen soll, so kommt es doch. Wir sind hier auch sehr angeschlagen und bräuchten eine Menge Ersatz.

Liebe Schwester, Deine Briefe interessieren mich sehr, da ich dann wenigstens etwas erfahre. Was Ihr mit den Rauchwaren macht, ist mir gleich. Meinetwegen besorgt Ihr eine anständige Pulle für die Kindstaufe.

Nun muss doch alles ohne mich stattfinden. Wann ich mal komme? Dieses Jahr ging es sehr gut mit dem Wetter, aber seit gestern hat hier der Frost eingesetzt. Jetzt wird es hier wohl kalt werden, wir sind aber sehr gut ausgerüstet und haben gestern auch Filzstiefel bekommen.

Seid herzlichst gegrüßt von Heinrich

Wie es Heinrich Hoffmeier in den nächsten Tagen erging, wird wohl nie mehr rekonstruiert werden können. Fest steht nur, dass seine Einheit in der darauffolgenden Zeit in schwerste Kämpfe verwickelt wurde, die offensichtlich nie-

„Zurück – Empfänger vermißt". Dieser Brief vom 6. Dezember 1943 hat
Heinrich Hoffmeier nicht mehr erreicht.

mand seiner Kompanie und der jungen Soldaten, die sich so
an ihn geklammert hatten, überlebte. Keiner konnte entrinnen
und vom Los der anderen berichten. Das Schicksal des Einzelnen ging unter im Feuer der anstürmenden sowjetischen
Truppen.

Heinrich Hoffmeier starb nicht allein. So, wie seine Kompanie aufgerieben wurde, erging es in diesen Wochen zahllo-
sen anderen deutschen Einheiten in seinem Frontabschnitt.
Jeweils ein paar Zeilen in heutigen Militär-Lexika geben spär-
lich Auskunft. Im Oktober 1943 hatte beispielsweise auch die
2. Luftwaffen-Feld-Division, wie es heißt, an der Nahtstelle
zwischen den Heeresgruppen Mitte und Nord schwere
Abwehr- und Rückzugskämpfe zu überstehen und wurde bis
südlich der Seenenge bei Lobok, die auch Heinrich Hoffmeier
zum Verhängnis werden sollte, zurückgedrängt und zersprengt. Zur Todesfalle wurde diese Seenenge ebenso für die

Infanterie-Division 87. Sie war ebenfalls von Frankreich in den Osten verlegt worden und befand sich ab Oktober 1943 über Kamenki nach Witebsk auf dem Rückzug und wurde dann bei Lobok in blutige Stellungskämpfe verwickelt, bevor sich die Reste nach Estland absetzen konnten. Die Soldaten starben einen sinnlosen Tod, mit ihnen Heinrich Hoffmeier, ohne dass es zunächst bemerkt worden wäre. Und er war, dies kann nicht oft genug gesagt werden, nur einer von sechzig Millionen Toten in diesem Krieg.

Am 6. Dezember und dann bereits wieder am 10. Dezember 1943 griff seine Nichte Irmgard zum Füller, um ihrem Onkel Weihnachtsgrüße zu schicken. Zu dieser Zeit lebte Heinrich Hoffmeier nach allen Erkenntnissen noch. Alles, was ihm wichtig war, hatte er längst nach Hause geschickt: Füllfederhalter und vor allem die Fotos seiner Lieben, zuletzt auch noch ein Paket mit Tabak.

Irmgards Briefe erreichten den Empfänger nicht mehr, sie kamen zurück. Die Feldpostnummer „29531 E" war durchgestrichen, auf beiden fand sich der handschriftliche Vermerk: „Empfänger vermißt", und jeder ahnte, was dies bedeutete. Für die Familie war klar: Heinrich Hoffmeier würde nie wieder ein Weihnachtsfest in der Heimat verleben können. Nur seine Frau Sophie war nicht bereit, den Verlust zu akzeptieren.

Nach dem Krieg

Wir haben einen schweren Gang vor uns

Briefe, die dem Empfänger nicht mehr ausgehändigt werden konnten und zurückgeschickt wurden, erreichten in diesen Wochen und Monaten Hunderttausende von Ehefrauen und anderen Angehörigen, und jedes Mal mussten sie vom Schlimmsten ausgehen, nämlich dem Tod oder der Gefangenschaft, was häufig – zumindest an der Ostfront – dasselbe bedeutete. Die Wahrscheinlichkeit, dass Heinrich Hoffmeier in Gefangenschaft geraten war, war gering, zumal er selbst in seinen Briefen immer wieder die aussichtslose Lage in seinem Kampfabschnitt beschrieben hatte. Und die Verwandten erinnerten sich nun auch daran, dass er bei seinem Abschied im September gesagt hatte, er wolle keinesfalls in russische Gefangenschaft geraten, die letzte Kugel sei angesichts einer solchen Alternative für ihn.

Dass ihr Mann nun zu den Vermissten gehörte, erfuhr Sophie Hoffmeier nur über Umwege. Zunächst benachrichtigte der Pfarrer des kleinen Ortes Twiehausen die Großmutter, denn offensichtlich war Heinrich Hoffmeier dort noch immer mit seinem Wohnsitz gemeldet. „Komm, wir haben einen schweren Gang vor uns. Wir müssen Sophie benachrichtigen", waren die Worte, mit denen sie sich – schwarz gekleidet – dann gemeinsam mit Henriette mit dem Fahrrad auf den acht Kilometer langen Weg nach Lübbecke machte, um die traurige Nachricht zu überbringen. Jahrzehnte später hörte Sohn Gerhard, dass seine Mutter sehr gefasst gewirkt habe – offensichtlich, weil sie gegen alle Rationalität weiterhin fest an die Heimkehr ihres Mannes glaubte oder doch glauben wollte.

Für Sophie Hoffmeier begann eine in vielfacher Hinsicht

Halbschwester Henriette – „Jette" –
in den ersten Nachkriegsjahren.

außerordentlich schwere Zeit. Es wird sie wenig getröstet
haben, dass Millionen Frauen in Deutschland und in den
Ländern, die von deutschen Truppen erobert und dann wieder aufgegeben worden waren, ein ähnliches, häufig noch
schwereres Los zu tragen hatten. Zunächst und in erster
Linie ging es um das schlichte Überleben, darum, ihre beiden
kleinen Söhne Gerhard – damals zweieinhalb Jahre alt – und
Günter – am 16. Oktober 1943 geboren – zu versorgen. Die
kleine, nun vaterlose Familie lebte in einer Zwei-Zimmer-
Wohnung im Lübbecker Kutscherweg. Das Schlafzimmer
war ungeheizt, lediglich in der kargen Wohnküche stand ein
„Bollerofen". Das Holz hierfür wurde in den nahe gelegenen
Wäldern gesucht. Besonders hart fiel der Winter 1943/44 aus.

Im Schlafzimmer bildeten sich Raureif an den Wänden und Eisblumen an den Fenstern. Dennoch verbrachten die beiden Kinder den größten Teil des Tages in diesem eisigen Zimmer, denn unter den voluminösen Federbetten war der einzige warme Platz weit und breit. Nach draußen zu gehen war nahezu unmöglich, dazu hätten erst Gänge durch die hohen Schneeverwehungen geschaufelt werden müssen. Sophie Hoffmeier litt in dieser Zeit unter heftigen Gallenkoliken, wahrscheinlich als Folge des psychischen Stresses, dem sie ausgesetzt war. Ihr Sohn Gerhard versuchte, sie zu trösten, und versprach ihr – für jeden kleinen Jungen dieses Alters typisch –, sie zu heiraten und für sie zu sorgen, wenn er erst einmal erwachsen sei. Ab und zu kamen Verwandte mit Lebensmitteln, und immer wenn der Großvater nach Hausschlachtungen Knochen mitbrachte, konnte daraus eine wahre Festtagssuppe gekocht werden.

So wie Sophie Hoffmeier hielten sich in der Nachkriegszeit Millionen Kriegswitwen in einer Vielzahl von Ländern über Wasser. Weil es Textilien nicht zu kaufen gab – ganz abgesehen davon, dass sie sie nicht hätte bezahlen können –, begann sie damit, Handschuhe, Pullover und Strümpfe zu stricken. Die Wolle wurde aus Lumpen gewonnen, die in einzelne Fäden aufgeribbelt und zu neuen Knäueln verarbeitet wurden. Gerhard Hofmeier erinnert sich daran, dass er häufig als „Wollständer" dienen musste. Die wiedergewonnenen Wollfäden waren meistens kraus, und die daraus gestrickten Pullover bekamen einen ungewollten Bouclé-Charakter und schillerten oft in den unterschiedlichsten Farben.

Der Überlebenskampf einer Mutter

Damit die Kinder – soweit es diese Zeiten erlaubten – „ordentlich" angezogen waren, wurden alte Pferdedecken, aber auch Teile von Uniformen gefärbt und neu zugeschnitten. Gerhards erster „Anzug" beispielsweise war aus einer gelben Pferdedecke genäht, den er außerordentlich chic fand und auf den er sehr stolz war.

Sich und vor allem die Kinder zu bekleiden war die eine Herausforderung für Sophie Hoffmeier, die andere, die hungrigen Mäuler stets satt zu bekommen. Die kleine Familie – Günter noch im Kinderwagen – machte sich deshalb oft in den so genannten Stockhauser Busch auf, um im Herbst Bucheckern zu sammeln, die gegen Margarine eingetauscht werden konnten, oder Blaubeeren, Himbeeren und Pilze – kurz alles, was die Natur hergab und für den Winter getrocknet oder eingekocht werden konnte.

Geradezu dramatisch entwickelte sich die Situation im Jahr 1945, als Günter Hoffmeier lebensgefährlich an Diphterie erkrankte. Medikamente gab es nicht, Günter drohte zu ersticken. Das Leben hat ihm gerettet, dass die Mutter ihm seinen eigenen Urin einflößte. Nicht so lebensbedrohend, aber ernst genug, erkrankte etwa zur selben Zeit Sohn Gerhard, bei dem sich die ersten Anzeichen der so genannten „englischen Krankheit" zeigten, die, wäre ihr nicht entgegengewirkt worden, zu Dauerschäden hätte führen können. Verantwortlich hierfür war die unzureichende und in jeder Hinsicht unausgewogene Ernährung, insbesondere der Vitaminmangel. Da inzwischen jedoch der Krieg zu Ende und Lübbecke von britischen Truppen besetzt war, konnte Sophie Hoffmeier wenigstens Lebertran auftreiben, den Gerhard über lange Zeit – wenn auch widerwillig – einnehmen musste.

Die Hoffnung, ihr Mann habe den Krieg überlebt und würde aus Russland heimkehren, gab Sophie Hoffmeier nicht auf. Während des Krieges hatte es im Haus Hoffmeier kein Radio gegeben, doch nun leistete sie sich eines, in erster Linie wohl, um die Suchmeldungen des Deutschen Roten Kreuzes verfolgen zu können. Sie lauschte gebannt den Meldungen und wurde doch jedes Mal von neuem enttäuscht. Umso härter traf es sie, wenn im Bekanntenkreis oder in ihrer Stadt überhaupt deutsche Soldaten aus der Kriegsgefangenschaft zurückkamen. 1947 zog Sophie Hoffmeier, die bis dahin zur Untermiete gewohnt hatte, mit ihren beiden Kindern in eine größere Mietwohnung. Auslöser war, dass der Sohn des Vermieters an einem Sommertag plötzlich aus der russischen Gefangenschaft zurückgekehrt war und die Vermieter-Familie nun mehr Platz brauchte. Dieses Ereignis führte bei Sophie Hoffmeier zu einer schweren psychischen Krise, die sich in Gallenkoliken Bahn brach und etwa anderthalb Jahre anhielt.

Sophie Hoffmeier ließ sich dennoch nicht kleinkriegen. Sie wurde Mitglied im „Reichsbund der Kriegsopfer, Behinderten, Sozialrentner und Hinterbliebenen". Dieser Reichsbund – schon 1917 im Gefolge des Ersten Weltkrieges in Berlin gegründet – hatte es sich zur Aufgabe gemacht, die Interessen der vom Krieg Betroffenen zu vertreten, und er half auch Sophie Hoffmeier. Sie krempelte die Ärmel hoch und trat zunächst eine Stelle als Putzfrau im örtlichen Katasteramt an. Die beiden Jungen begleiteten sie häufig und halfen ihr emsig, und sie sparte jeden Pfennig. Nach der mühseligen Arbeit nähte und strickte sie, um den kargen Lohn aufzubessern. Schließlich tauschte sie das Grundstück in Gestringen, das sie noch vor dem Krieg gemeinsam mit ihrem Mann Heinrich gekauft hatte, gegen ein Grundstück in Lübbecke, um darauf ein Zweifamilienhaus zu errichten. Möglich wurde dies zwar auch durch ihre extreme Sparsamkeit, die die beiden Söhne naturgemäß überhaupt nicht mochten, doch ganz besonders durch die Unterstützung des Reichsbundes, der entsprechende Programme aufgelegt hatte, und des Staates.

1954 war das Haus fertiggestellt, das für Sophie Hoffmeier mehr als ein bloßes Gebäude war. Sie war weiterhin fest davon überzeugt, dass sie irgendwann mit ihrem Mann darin wohnen würde, und hatte mit dem Bau den viele Jahre zuvor begonnenen gemeinsamen Weg fortsetzen wollen. Wenn ihr Mann eines Tages vor der Tür stehen würde, sollte ihn ein neues Zuhause erwarten.

Etwa fünf Jahre behielt Sophie Hoffmeier ihre Stelle im Katasteramt, bevor sie dann in einen Konfektionsbetrieb wechselte. Die beiden Söhne besuchten mittlerweile die Volksschule in Lübbecke, Gerhard später dann auch die Oberrealschule. Zum Lebensunterhalt trug er bei, indem er nach dem Unterricht Wäsche ausfuhr. Das lag ihm mehr als die Hausarbeit, die er sonst zu erledigen gehabt hätte.

Nach dem Krieg: Sophie Hoffmeier mit den Söhnen Gerhard und Günter.

Konsequenterweise trug Sophie Hoffmeier weiterhin den Ehering und mochte sich auch von der Garderobe ihres Mannes nicht trennen. Es dauerte Jahre, bis sie dann doch die Anzüge verschenkte, der älteste Sohn Gerhard kann sich an ein paar Krawatten erinnern, die er bekam.

Wenn auch Sophie Hoffmeier sich mit dem endgültigen Verlust nicht abfinden mochte: Gesprochen wurde über ihren Mann eigentlich nie, zumindest nicht im Hinblick auf seinen Kriegseinsatz oder seine mögliche Rückkehr. Es mag sein, dass die beiden Söhne anfänglich nach ihrem Vater fragten, doch weil sie bei ihrer Mutter auf verschlossene Türen stießen, gaben sie das schon früh auf. Sie hatten nie ein Familienleben mit dem Vater kennen gelernt und vermissten es deshalb auch nicht. Dies mag in mancher Hinsicht heute schwer begreifbar sein, doch spielen die damalige Zeit und vor allem die Landschaft eine große Rolle, in der die Kinder aufwuchsen.

Anders als etwa die für ihren Frohsinn und ihre Extro-
vertiertheit bekannten Rheinländer galten – und gelten – die
Menschen in Niedersachsen ohnehin als eher zurückhaltend,
nicht nur gegenüber Fremden. Verstärkt wird dieser besondere Charakterzug durch die Landschaft, in der Sophie und
Heinrich Hoffmeier zu Hause waren: Auf der einen Seite bil-
dete das Wiehengebirge eine natürliche Grenze, auf der
anderen fanden sich große, heute zum Teil kultivierte Moor-
landschaften, die die Menschen prägten. Es gehört nicht zu
ihrem Wesen, sich und ihre Gefühle zu offenbaren, auch
nicht im engeren Familienkreis.

„Lieblingsnichte" Frieda.

Nichte Irmgard – hier in den Fünfzigerjahren – erhielt den ersten Brief mit dem Vermerk „Empfänger vermißt".

Fritz Edler in den Fünfzigerjahren.

Befreiung von der Ungewissheit

Dreißig Jahre dauerte es, bis Sophie Hoffmeier die keinerlei Zweifel mehr zulassende Nachricht erhielt, nach der ihr Mann nicht zurückkehren würde. Anfang Januar 1975 bekam sie Brief und Gutachten des Suchdienstes des Deutschen Roten Kreuzes, die ihr wenig Hoffnung ließen:

München, 02. Ja. 1975

Sehr verehrte Frau Hoffmeier,

im Rahmen unserer Nachforschungen wurden alle uns zugegangenen Angaben und Informationen über das Schicksal Ihres Angehörigen überprüft. Über die individuellen Ermittlungen hinaus haben wir besonders die Möglichkeit untersucht, ob der Verschollene in Gefangenschaft geraten sein könnte. Dabei ist den Kampfhandlungen, bei denen Ihr Angehöriger und weitere Soldaten der gleichen militärischen Einheit vermisst wurden, genau nachgegangen worden. Das Ergebnis ist in einem Gutachten festgehalten, das Ihnen Aufschluss über unsere Nachforschungen und Einblick in die für den Verschollenen entscheidend gewordene Phase des Kriegsgeschehens gibt.

Wird am Ende der Darstellung auch der Schluss gezogen, dass Ihr Angehöriger zu den Opfern des II. Weltkrieges gezählt werden muss, hoffen wir dennoch, Sie durch die Bekanntgabe des Nachforschungsergebnisses von jahrelang ertragener Ungewissheit zu befreien. [...]

GUTACHTEN
über das Schicksal des Verschollenen
Heinrich H o f f m e i e r, geb. 20. 1. 10
Truppenteil: Grenadier-Regiment 365
der 211. Infanterie-Division
Vermisst seit dem 16. Dezember 1943
DRK-Verschollenen-Bildliste Band BR, Seite 372.

Ausgangspunkt für die Nachforschungen waren die dem Suchantrag entnommenen Angaben, die in die Verschollenen-Bildlisten aufgenommen wurden. Damit sind alle erreichbaren Heimkehrer aus Krieg und Gefangenschaft befragt worden, von denen angenommen werden konnte, dass sie mit dem Verschollenen zuletzt zusammengewesen sind. Diese Befragungen fanden sowohl in der Bundesrepublik als auch in Österreich und anderen Nachbarländern Deutschlands statt.

Ferner sind von anderen Stellen, die Unterlagen über die Verluste im 2. Weltkrieg besitzen, Informationen eingeholt worden. In erster Linie handelt es sich hierbei um das Internationale Komitee vom Roten Kreuz in Genf, die Deutsche Dienststelle für die Benachrichtigung der nächsten Angehörigen von Gefallenen der ehemaligen deutschen Wehrmacht in Berlin und die Heimatortskarteien.

Über diese individuellen Ermittlungen hinaus wurde die Frage geprüft, ob der Verschollene in Gefangenschaft geraten sein konnte. Dabei wurden die Kampfhandlungen, an denen er zuletzt teilgenommen hat, rekonstruiert. [...]

Das Ergebnis aller Nachforschungen führte zu dem Schluss, dass Heinrich Hoffmeier mit hoher Wahrscheinlichkeit am 16. Dezember 1943 bei den Kämpfen im Raum Newel – Witebsk gefallen ist.

Zur Begründung wird ausgeführt:

Im Herbst 1943 stand die deutsche 3. Panzer-Armee im Mittelabschnitt der Ostfront in schweren Abwehrkämpfen um Witebsk. Über Newel, das die sowjetischen Truppen bereits am 7. Oktober eingenommen hatten, war der Gegner im November weiter nach Südwesten bis etwa 20 Kilometer westlich von Gorodok vorgedrungen, seine Angriffe entlang der Rollbahn nach Süden konnten jedoch bei Lobok am Jeserischtsche-See, 30 km nördlich von Gorodok, bis Anfang Dezember aufgehalten werden. Hier verteidigte die 21. Infanterie-Division einen breiten Abschnitt, der sich vom Ordowo-See über Kaiki bis Olschaniki erstreckte. Dabei musste zeitweise eine Kampfgruppe zur Verstärkung der benachbarten 129. Infanterie-Division abgegeben werden.

Am 13. Dezember traten frische Verbände der Roten Armee zum Angriff an und drangen nach schwerem Artilleriefeuer in die deut-

schen Stellungen ein. Nach verlustreichen Kämpfen bei Surmino und Rudnja wichen die Kompanien langsam auf rückwärtige Stützpunkte zurück. Als kurz darauf sowjetische Panzer von Südwesten in Richtung Dwornja und Wyrowlja vorstießen und sich am 16. des Monats mit ihren von Norden angreifenden Truppen vereinigten, schlugen sich Teile der eingeschlossenen Bataillone entlang der Nachschubstraße über Bessenjata zu Auffangstellungen der Division bei Byschsischa durch. Dabei wurde besonders das Grenadier-Regiment 365 in verlustreiche Kämpfe verwickelt. Der sofort nachdrängende Gegner konnte nicht aufgehalten werden. Die Division wich nachts weiter nach Süden zum Koscho-See und bis Gorodok zurück. Am 23. Dezember drangen sowjetische Sturmtruppen in die Stadt ein, die nach schweren Kämpfen am nächsten Tag verloren ging. Wenige Kilometer weiter ostwärts von Witebsk besetzten Teile der Division eine vorbereitete Verteidigungslinie zwischen Pologi und Tereschki, die sie bis zum Eintreffen von Verstärkungen am Monatsende halten konnten.

Seit diesen Kämpfen werden zahlreiche Soldaten der 211. Infanterie-Division, darunter auch der Verschollene, vermisst. Für einige von ihnen liegt die Aussage eines Heimkehrers vor, dass sie gefallen sind. Viele aber haben in dem unübersichtlichen, hügeligen Gelände den Tod gefunden, ohne dass es von überlebenden Kameraden bemerkt werden konnte. Das Feuer von Artillerie und Panzern erreichte auch Sanitätsfahrzeuge und Verbandplätze.

Es gibt keinen Hinweis dafür, dass der Verschollene in Gefangenschaft geriet. Er wurde auch später in keinem Kriegsgefangenenlager gesehen. Alle Feststellungen zwingen zu der Schlussfolgerung, dass er bei diesen Kämpfen gefallen ist.

München, den 28. November 1974, Max Heinrich, Direktor

Obwohl dieses Schreiben des DRK-Suchdienstes jeden Zweifel über den Tod Heinrich Hoffmeiers hätte ausräumen müssen, wollte seine Frau die bittere Wahrheit weiterhin für sich nicht gelten lassen. So, wie bald nach Kriegsende, als der

Sohn ihres Vermieters aus Kriegsgefangenschaft zurückkehrte, reagierte auch jetzt wieder ihr Körper auf die schlimme Nachricht. Sie bekam starke Herz-Rhythmus-Störungen, ohne jedoch mit irgendjemanden über die Benachrichtigung durch das DRK zu sprechen. Auch ihren Söhnen sagte sie nichts davon, Gerhard fand das Gutachten eher zufällig erst 1999, wenige Monate vor dem Tod seiner Mutter.

Vielleicht war es der Absender oder die Endgültigkeit der Aussage, die bei den Söhnen Heinrich Hoffmeiers noch immer nicht dazu führten sich mit ihrem Vater – und damit ihrer eigenen Herkunft – intensiver zu befassen. Den entscheidenden Anstoß erhielten sie erst, als sie nach dem Tod der Mutter die Feldpostbriefe in die Hände bekamen. Plötzlich erhielt der eigene Vater ein Gesicht, war nicht mehr nur „Erzeuger". Mit jedem Wort, das Gerhard und Günter Hofmeier in den oft hastig hingeworfenen Zeilen entzifferten, entschlüsselte sich auch das Wesen des Vaters – mehr als sechs Jahrzehnte nach seinem Tod. Die Söhne erkannten Wesenszüge des Vaters, der jetzt aus der Anonymität herausgetreten war, in sich selbst wieder. So, wie sie die Jahrzehnte zuvor nach ihren Wurzeln nicht gefragt hatten, stürzten sie sich jetzt umso intensiver in die Suche nach ihnen. Die Mutter lebte nicht mehr und konnte nicht befragt werden. Und schnell wurde offenbar, dass die Zahl derer, die Heinrich Hoffmeier noch aus eigenem Erleben gekannt hatten, allzu klein geworden war. Nun plötzlich lief auch den Söhnen die Zeit davon, die sich auf die Suche letztlich auch nach ihrem eigenen Ich machten. In langen Gesprächen zum Beispiel mit Frieda, Irmgard oder Willi Edler ergaben sich Mosaiksteinchen, aus denen sich – in Verbindung mit den unerwartet aufgefundenen Briefen – ein Bild des Vaters zusammensetzte, der Vater endlich konkrete Gestalt annahm.

Es ist heute ein Einfaches, von Frankfurt oder Berlin nach Witebsk zu fliegen oder mit durchgehenden Zügen von Berlin nach Orscha zu fahren. Gerhard und Günter Hofmeier haben sich dies vorgenommen. Sie werden das Grab ihres Vaters nicht finden. Vielleicht ruhen seine sterblichen Überreste auf einem der Soldatenfriedhöfe, die in den vergangenen Jahren auch in Russland, Weißrussland oder in der Ukraine entstanden sind. Wahrscheinlich ist dies nicht. Doch die Suche nach dem Vater wäre unvollständig, würden die Söhne nicht auch die Landschaft sehen, in der er einen sinnlosen Tod gestorben ist.

Die Beschäftigung mit den letzten Monaten im Leben des Heinrich Hoffmeier hat aber auch noch etwas anderes bewirkt. Orel, Witebsk, Newel, um nur diese drei Städte zu nennen: Wer kann schon etwas mit diesen Namen anfangen, wenn er nicht zu den noch lebenden Kriegsveteranen gehört? Gerhard und Günter Hofmeier konnten es nicht und unterschieden sich damit nicht von jedem anderen deutschen „Normalbürger". Erst als sie auf Landkarten nach den Orten suchten, die ihr Vater in seinen Briefen und Karten genannt hatte, wurden ihnen die räumlichen Dimensionen des Zweiten Weltkrieges bewusst. Was eigentlich, diese Frage stellte sich drängender als je zuvor, hatten deutsche Soldaten in Russland, in Weißrussland, in der Ukraine und in den vielen anderen Ländern – von Frankreich über Griechenland bis nach Nordafrika verloren? Warum wurden Millionen Menschen von Diktatoren wie Hitler in den Krieg geschickt, um Tausende Kilometer von Deutschland entfernt Unschuldige zu töten und selbst getötet zu werden? Eine befriedigende Antwort hierauf kann es nicht geben.

Gerade aber diese Erkenntnis lässt den Kampf und das Sterben Heinrich Hoffmeiers am Ende möglicherweise so sinnlos doch nicht sein. Denn eindrucksvoller als noch so große Opferzahlen sind sie auch heute eindringliche Mahnung zum Frieden.

211. Infanterie-Division*

Aufstellung August 1939 im Raum Köln

(bis November 1944)

211. Volks-Grenadier-Division

(ab Dezember 1944)

1940

West

Mai—Juni
Vorstoß über Namur zur Kanalküste
Schlacht an der Aisne

Juli bis

1942

Januar
Küstenschutz in der Bretagne

Februar bis

1943

Ost

Juli
Abwehrkämpfe nördlich Orel-Brjansk
Stellungskämpfe an der Shisdra

Juli—November
Abwehrkämpfe im Raum Orel-Brjansk
Abwehrschlacht im Raum Kirow-Dorogobush
Absetzen an die Desna und den Sosh
Abwehrkämpfe am Dnjepr-Sosh

November—Dezember
Abwehrschlacht bei Newel

Dezember bis

1944

Februar
Verlustreiche Abwehrkämpfe im Raum Witebsk

Februar—März
Abwehrschlacht bei Rogatschew-St. Bychow

März—April
Schlacht um Kowel

April—Juli
Kämpfe im Pripjet-Gebiet, nördlich Kowel
Absetzen auf den Bug, Übergang bei Wlodawa

Juli—November
Verlustreiche Kämpfe in Ostpolen (Lukow-Miedzyrzec-Losice)
Abwehrkämpfe zwischen Bug und Narew
Rückzug über den Narew bei Goroworo
Dezimierung bei den Abwehrkämpfen im Raum Rozan-Ostenburg

November—Dezember
Verlegung der Reste auf den Tr.Üb.Pl. Gruppe bei Graudenz
Neuaufstellung als 211. Volks-Grenadier-Division
Verlegung nach Ungarn

1945

Januar—Mai
Kämpfe im Gran-Brückenkopf (Ölved-Farnad-Parkany)
Kämpfe bei Heiligenkreuz, westlich Altsohl
Rückzugskämpfe über die Waag und March nach Nieder-Österreich
Abwehrkämpfe bei Zistersdorf
Rückzug über Wostitz, Misslitz, Jaispitz, in den Raum Budweis
Kapitulation
Teils amerikanische, teils russische Gefangenschaft

140

Epilog

Wer im 21. Jahrhundert im Internet nach den Orten sucht, an denen Heinrich Hoffmeier gekämpft hatte, wird zwar in Randnotizen auch noch an den Zweiten Weltkrieg erinnert, stößt aber auf der Mehrzahl der Web-Seiten auf Versöhnliches und hoffnungsvoll Stimmendes.

Unter dem Stichwort Gorodok wird beispielsweise davon berichtet, dass dies übersetzt „Sternstädtchen" heißt und hier sowjetische Kosmonauten ausgebildet wurden. Ein großer Soldatenfriedhof erinnert an die Soldaten beider Seiten, die hier im Zweiten Weltkrieg ihr Leben gelassen haben, dazu seit einiger Zeit ein beeindruckendes Denkmal, das an Versöhnung und Völkerfrieden mahnt.

Witebsk steht nicht mehr für das große Sterben, sondern die Geburtsstadt des großen Künstlers Marc Chagall wirbt als freie Wirtschaftszone um ausländische Investoren und bietet Sprachreisen an. Die alte weißrussische Stadt mit den vielen historisch-kulturellen Sehenswürdigkeiten wie dem Rathaus von 1775 oder besonders der Mariä-Verkündigungskirche aus dem 12. Jahrhundert hat sich von den Wunden des Krieges erholt und gilt heute als „Hauptstadt der Musikfeste", wirbt mit ihrer Sporttradition. Die seenreiche Umgebung, die den Soldaten das Leben im Krieg noch schwerer machte, ist zum beliebten Standort von Sanatorien und Erholungsheimen geworden.

Auch Orel hat sich der Welt geöffnet, ist Symbol für Feste und kulturelle Highlights und wegweisend auf dem Gebiet der Altenarbeit. Gerade auf diesem Gebiet findet ein reger internationaler Erfahrungsaustausch unter Beteiligung Deutscher statt.

Ein Kinderheim in Newel wird von der Neuapostolischen Kirche Sachsen/Thüringen unterstützt, und wer mag, kann sich im Internet über das aktuelle Wetter in Roslawl informieren.

Die Stadt Orscha verbinden Züge nicht nur mit anderen Orten, die im Krieg umkämpft waren – so Newel oder Witebsk –, sondern im Fahrplan finden sich auch dreimal in der Woche Züge über Warschau, Frankfurt/Oder nach Berlin-Lichtenberg. Der Zug, der zum Beispiel um 16.57 den Hauptbahnhof Orscha verlässt, erreicht Minsk um 19.18 Uhr, Warschau um 4.22 Uhr, Posen um 8.02 und trifft dann nach rund neunzehn Stunden Fahrzeit mittags um 12.17 Uhr in der deutschen Hauptstadt ein.